AF250068

Notes de Pédagogie

DIRECTION ET CONSEILS PRATIQUES AUX INSTITUTRICES CHRÉTIENNES

Avec approbation et recommandation
de S. G. Monseigneur M.-A. LATTY, Archevêque d'Avignon

Être utile.

AVIGNON
AUBANEL FRÈRES, LIBRAIRES-ÉDITEURS
Imprimeurs de N. S. P. le Pape.

—

NOTES DE PÉDAGOGIE

L'Auteur des « Paillettes d'Or »

Notes de Pédagogie

DIRECTION ET CONSEILS PRATIQUES AUX INSTITUTRICES CHRÉTIENNES

Avec approbation et recommandation
de S. G. Monseigneur M.-A. LATTY, Archevêque d'Avignon

Être utile.

AVIGNON
AUBANEL FRÈRES, LIBRAIRES-ÉDITEURS
Imprimeurs de N. S. P. le Pape.
—
Tous droits réservés.

IMPRIMATUR :

Avenione, die 18ª Junii 1910.

A. ESTELLON, vic. gen.

ARCHEVÊCHÉ

D'AVIGNON

Avignon, le 27 Juillet 1910.

Monsieur le Vicaire général,

J'ai lu votre nouveau livre : *Notes de Pédagogie*, et j'y ai reconnu de suite les marques ordinaires de tous vos ouvrages : une haute sagesse, un charme pénétrant et une exquise piété.

On ne recommande plus vos livres au public : on les lui présente; ou, plutôt, ils se présentent d'eux-mêmes, avec le nom, connu partout dans le monde catholique, de l'Auteur des *Paillettes d'Or*.

Je n'étonnerai personne, en disant qu'en matière de pédagogie, comme en tout ce qui concerne la direction des âmes, vous êtes pour « la manière douce ». Dans votre livre, vous parlez bien des « défauts à combattre » : comment ne pas en parler, lorsqu'on traite de l'éducation? Mais quelques pages à peine vous suffisent pour en dire ce qui convient à votre sujet; et vous passez aussitôt, pour y insister longtemps, aux « vertus à cultiver ». C'est surtout par la culture des vertus que vous voulez *élever* l'âme, la dégager de ses mauvais instincts, et la mener au bien.

Un jour, un enfant de treize à quatorze ans vient vous trouver pour vous entretenir de ses affaires de conscience. Vous le recevez avec votre bon sourire et cette affabilité paternelle qui ne vous quitte jamais. Avant même qu'il ait commencé ses confidences, vous l'invitez à vous raconter ce qu'il a fait de bien dans sa vie. L'enfant est étonné, embarrassé, ne sait que vous répondre : il a si peu vécu, et déjà, peut-être, on lui a fait tant de reproches ! — « Pourtant, vous avez été plus d'une fois serviable, généreux pour vos camarades ; vous avez donné l'aumône à quelques pauvres ; vous vous êtes refusé à certaines ruses où l'honneur était engagé... » — Et l'enfant, tout surpris de voir qu'il n'y a pas que des faiblesses dans sa vie, ni que des défauts dans sa nature, vous ouvre son âme toute entière : il n'a plus de secrets pour vous.

C'est là toute votre méthode, dans vos livres comme dans l'exercice de votre ministère sacerdotal.

Vous l'avez pratiquée pendant soixante ans ; et l'on peut dire qu'elle a eu ses noces d'or, lorsque vous avez célébré naguère celles du sacerdoce.

Vous l'avez surtout pratiquée dans un pensionnat, dont vous fûtes l'âme et le bienfaiteur : qui ne l'a connu ? Tout ce que vous dites dans vos *Notes*, vous l'avez donc expérimenté ; et ce titre d'apparence modeste, exprime très justement, très fortement, le sens et la portée de vos enseignements et de vos conseils. Ce sont des observations prises sur le vif, et que vous avez réunies en un système simple, clair, bien ordonné, où l'abstraction n'a qu'une part discrète, où tout est animé et relevé par les belles et lumineuses idées de la raison la plus haute et du plus pur christianisme.

Cependant, les analyses y abondent ; et combien fines, délicates, propres à éclairer les divers états de l'âme et à orienter chacune de ses facultés !

Soit que vous montriez comment l'éducatrice doit être formée, soit que vous lui traciez à elle-même la mission et l'œuvre qu'elle doit accomplir auprès de ses élèves, il n'y a jamais rien de vague, rien d'aride dans vos leçons. Vous les accompagnez, ou, pour mieux dire, vous les illustrez de mots et de choses qui attirent les yeux, fixent l'esprit; et, le long de vos pages, l'on voit se produire et se développer, comme à souhait, les formes les plus variées du *bien* et du *beau*, ces deux grands objets de la véritable éducation. Ce n'est partout que lumière et vertu, science et devoir, caractère et bonté, fermeté et dévouement, grandeur et joie; et au-dessus de tout, dominant et pénétrant l'œuvre sublime de l'éducation, plane l'idée de Dieu, avec la divine figure du Sauveur et les visions sereines de son Évangile.

De là l'intérêt et l'attrait qui s'attachent même aux parties les plus techniques de votre livre. Ce que vous dites des facultés de l'âme est vivant et en quelque sorte *vécu*, sans laisser d'être exact et scientifique. Vous n'aidez pas seulement l'éducatrice à se former elle-même : vous lui offrez encore, dans vos considérations, des vues, des idées et des disciplines dont elle n'aura qu'à s'inspirer pour instruire et élever les autres. Je le répète ; ce livre est bien de vous : il est le fruit de votre expérience, et il vient heureusement s'ajouter à la longue liste de ceux qui ont porté si loin l'action de votre infatigable apostolat.

Je le bénis bien volontiers; et je suis heureux de vous renouveler, Monsieur le Vicaire général, l'assurance de mes très respectueux et affectueux sentiments en N.-S.

† MICHEL-ANDRÉ,
Arch. d'Avignon.

AU LECTEUR

Un éminent professeur nous envoie sur les *Notes de pédagogie* les lignes suivantes qu'on ne lira pas sans intérêt.

Ce livre, qu'il présente avec l'expérience qu'on lui connaît et le goût exquis dont il fait preuve, ira, recommandé par lui, se glisser modestement sur le bureau de la maîtresse du pensionnat et de l'école — et lui insinuera plus encore qu'il le lui dira :

Ce qu'elle doit être : bonne, active, vigilante, dévouée, maternelle surtout.

Ce qu'elle doit faire :

à l'*âme* de ses enfants, qui a besoin de Dieu ;

au *cœur* de ses enfants, qui a besoin de se sentir aimé et d'apprendre à aimer ;

à l'*intelligence* de ses enfants, qui aspire à voir, à savoir, à dire ce qu'elle sait...

Acceptez-le, vous à qui le bon Dieu l'envoie — et faites-en votre *livre de chevet*.

Il sera pour vous un *guide* sans doute, mais aussi une *force* et un *soutien*.

Si nombreux que fussent les livres de pédagogie, publiés durant ces dernières années, une lacune cependant restait à combler. La pluplart des hauteurs n'ont envisagé qu'un côté de la question : celui-ci s'efforce de mettre la médecine au service de l'éducation ; celui-là fait de l'enfant une psychologie très étudiée ; tel autre a surtout en vue de répondre aux reproches que les parents adressent aux maîtres ; tout récemment, un jeune et distingué professeur s'efforçait à préciser, non sans ingéniosité, la part du dressage dans l'éducation. Ces ouvrages supposent, d'ailleurs, pour être parfaitement compris, un ensemble de connaissance philosophiques, que possèdent seuls les spécialistes. Aussi, ne pourrait-on en conseiller la lecture à la majorité des institutrices de nos maisons d'enseignement libre, qui seraient bien vite rebutées par la difficulté, ou risqueraient de s'égarer parmi des théories qui ne sont pas toutes également incontestables.

Il leur fallait un livre écrit pour elles, qui répondit à leurs besoins, qui mît à leur portée simplement, clairement, d'une façon méthodique, tout ce qui, dans tant d'œuvres diverses, pourrait les aider à remplir leur grande mission. Il fallait que ce livre fût un guide très sûr, qu'il fût moins systématique et théorique que pratique et vivant. Il devait être complet et considérer la tâche de l'éducatrice dans toute son étendue ; être court cependant, de lecture facile et attrayante ; enfin et surtout, un tel livre aurait pour but de surnaturaliser les intentions de l'éducatrice, et de lui faire considérer ses fonctions, si humbles parfois, comme un divin ministère.

Voilà certes un bel idéal; mais si haut, qu'il pouvait aisément décourager l'ambition d'un auteur. Il n'a pu, fort heureusement, décourager ce désir d'*être utile*, dont l'Auteur des *Paillettes d'Or* a fait sa devise, ni sa tendresse pour les enfants; et je dois constater en toute sincérité qu'il a été dépassé.

L'ouvrage porte un titre modeste : *Notes de pédagogie*. Il est pourtant beaucoup plus que de simples notes. L'auteur a divisé son œuvre en deux parties : dans la première, il traite des qualités et des vertus que doit posséder l'éducatrice, et des défauts qu'elle doit éviter; dans la seconde, il lui donne de précieux conseils sur la manière dont elle doit remplir son rôle pour réaliser l'éducation physique, intellectuelle et morale des enfants qui lui sont confiés.

C'est donc un traité de pédagogie complet. Il est aussi très vivant. On sent, en le lisant, que les notes qui ont servi à sa composition, ont été rédigées dans une maison d'éducation parmi les maîtresses et les élèves et pour elles. Il révèle une expérience judicieuse, un tendre et pieux amour de l'enfance. Il instruira les maîtresses et les guidera dans l'accomplissement de leurs devoirs professionnels; mais il fera plus : il les soutiendra dans les heures inévitables de tristesse et de découragement; il élèvera leur esprit au-dessus des ambitions et des vains désirs; il leur donnera la lumière, la force et la paix. Je crois vraiment que ce petit volume pourra leur rendre des services bien divers : livre de lecture qui les délassera de leurs travaux, livre d'étude qui les fera réfléchir, livre de méditations qui les aidera à se recueillir devant Dieu dans la pensée de leurs devoirs d'état et à s'examiner sur la manière dont elles s'en seront acquittées.

Cet ouvrage complète donc très heureusement l'œuvre pédagogique déjà considérable et si appréciée de l'Auteur des *Paillettes d'Or*. Puis-je émettre le vœu que certains points, indiqués seulement dans cette œuvre d'ensemble, soient maintenant repris et développés dans un nouveau livre ? L'auteur a touché en passant à beaucoup de questions, qu'on lui serait reconnaissant de traiter avec sa grande compétence et d'une façon approfondie.

J'ai presque envie de m'excuser d'avoir osé exprimer une appréciation sur un ouvrage du vénérable Auteur des *Paillettes d'Or*. En la plaçant en tête de son livre, il me fait un honneur que je dois à sa paternelle indulgence, et il accomplit certainement un très méritoire acte d'humilité.

Louis RUY,

Professeur de Philosophie au Collège Saint-Joseph d'Avignon.

AUX INSTITUTRICES CHRÉTIENNES

I

CETTE première page — préface de nos notes pédagogiques — a été, en partie, inspirée par quelques lignes qu'écrivait une institutrice chrétienne, la veille du jour de la rentrée de ses élèves.

Elle avait mis en ordre tout ce que son amour pour les enfants — son expérience — son désir ardent d'être utile à l'âme, à l'intelligence, au cœur, à la vie de celles que le bon

Dieu allait lui envoyer — lui avait montré nécessaire pour la préparation, la bonne tenue et la marche de sa classe.

Et, assise paisiblement dans cette chaire d'où son regard devait dominer la petite famille qu'elle voyait déjà des yeux de l'âme — elle écrivit devant le *grand crucifix* qui dominait sa classe et *la statue de la sainte Vierge*, qui étendait ses bras pour la protéger :

« Maintenant, à l'œuvre tous les jours, pauvre institutrice : tu as une noble mission à remplir.

« Je te vois un peu effrayée; tu crains, car ta tâche est difficile. — Prends courage, ton cœur est rempli de bonne volonté; tu as un grand désir de bien faire, Dieu te viendra en aide.

« Que toutes tes pensées et toutes tes actions se résument en ces deux mots :

« *Dieu — tes enfants.* »

« Tu as tout prévu, tout réglé.

« Attends donc paisiblement cette journée de demain qui va te ramener ce petit troupeau que tu aimes déjà...

« Ton *ordre du jour* est tracé : *Dieu, tes enfants*. Reste-lui fidèle. »

*

« N'entre jamais dans la classe sans t'y être préparée.

« Que chaque matin, tes élèves trouvent écrits sur le tableau noir, les devoirs qu'elles auront à faire pendant la journée.

« Ne passe pas d'une leçon à une autre, sans t'être assurée qu'elle a été parfaitement comprise par toutes tes élèves.

« Ne t'écarte jamais du programme d'études qui a été tracé par toi et approuvé par tes supérieurs.

« Beaucoup d'ordre et de propreté dans les cahiers de tes enfants.

« Que les devoirs soient toujours parfaitement corrigés — tous, bien courts, simples et faciles.

« N'oublie pas ces sages conseils qui te furent donnés à l'époque de ta première formation :

« *Variété de matières.* — Division des heures pour ne pas prolonger au delà d'une demi-heure une leçon sur le même sujet.

« *Variété d'exercices*. — Expliquant, examinant, interrogeant, corrigeant les devoirs ou les faisant corriger par les élèves elles-mêmes.

« *Variété de méthodes*. — Parlant tantôt aux sens et à l'imagination, tantôt à l'intelligence et à la raison, au sentiment et à la volonté — sachant à l'occasion conter une histoire et dire une parole qui récrée... »

*

« N'emploie jamais de ces phrases vides de sens qui ne laissent aucun bon sentiment dans le cœur de l'enfant.

« Aie soin, par une bonne parole, par un bon conseil de tourner son intelligence vers Dieu.

« Enrichis son âme de vertus. — Redresse-la si elle prenait un mauvais pli. — Eloigne d'elle tout ce qui pourrait la souiller. »

« Toi, ne t'isole pas, ni de tes *compagnes*, ni de tes *supérieures*, ni de tes *livres*.

« Le cœur, l'âme, l'esprit ont besoin d'être soutenus, relevés, encouragés, enrichis.

« *Dieu suffit à tout*, c'est vrai ; mais Dieu vient à nous par le *conseil* — par l'*amitié* —

par la *bonté* — par la communication des pensées qu'il a inspirées et qu'il a voulu fixer dans les pages d'un beau livre.

« Aime la compagnie de tes enfants. Par elles aussi, Dieu se communiquera à toi et tu te communiqueras à Lui.

« Ces enfants que tu auras là, seront tous envoyés par le bon Dieu, et de chacune d'elles, le bon Dieu te dira :

« *Reçois-la — aime-la — d'elle, fais un ange — un apôtre — une sainte.*

« Pour chacune d'elles, sois une mère :

« Une mère *patiente* pour la supporter malgré ses entêtements, ses caprices, sa mauvaise volonté,

« *Bonne* pour lui témoigner toujours de l'affection,

« *Constante* pour recommencer toujours,

« *Ferme* et douce pour la corriger,

« *Forte* pour ne pas te décourager,

« *Ingénieuse* pour essayer tout ce qui peut la rendre meilleure,

« *Miséricordieuse* pour lui pardonner chaque fois qu'elle revient à mieux faire.

« Toi, ô maîtresse, sois avant tout, plus que tout, *pieuse*, c'est-à-dire unie à Dieu par la volonté ferme de rester à Dieu — par le recours habituel à Dieu — par l'assurance que Dieu sera toujours avec toi. »

II

Après ces premières lignes si paisibles et si encourageantes, nous sera-t-il permis de prononcer, devant vous, une parole qui, par elle-même, serait *troublante*, mais qui a aussi *la puissance* de vous rapprocher plus intimement de Dieu, vous qui pouvez lui dire :

Vous m'avez appelée — je suis venue — je me dévoue — je compte sur vous. — Vous serez mon guide, ma force, mon appui, ma récompense.

Ce mot est celui de

Responsabilité,

qui indique que, *sur vous*, retomberait une part de la punition méritée par une de vos élèves, si par *votre négligence coupable* vous l'aviez laissée vivre loin de Dieu.

Mais n'ayez pas peur : ce mot est pour vous *un stimulant* et *un soutien.*

Il n'aura pour effet que de vous rendre plus vigilantes — et de créer en vous l'habitude de dire tous les matins à la sainte Vierge :

O Marie, gardez avec moi et par moi l'âme de nos enfants !

*

Quelques mots de cette responsabilité pour exciter votre zèle.

Comme éducatrice et institutrice, vous êtes, dans un sens, large sans doute, mais réel, responsable de chacune de vos enfants ;

1° *Devant les familles* qui vous ont confié ce qu'elles ont de plus cher :

Le *corps* de leur enfant — pour que vous le soigniez — le préserviez — le soulagiez — le rendiez fort et vigoureux.

L'intelligence de leur enfant — pour que vous la rendiez brillante et étendue, de manière à ce que cette enfant tienne une place honorable dans la société.

Le *caractère* de leur enfant — pour que, rentrée dans sa famille, cette enfant répande la joie au milieu de tous, soit le soutien et la consolation de tous.

Le *cœur* de leur enfant — pour qu'il se montre bon, affectueux, dévoué.

L'*âme* de leur enfant... La famille n'y pense pas toujours, n'y pense que secondairement, n'y pense même pas du tout — mais Dieu, le bon Dieu y pense...

*

2° Vous êtes responsable :

Devant Dieu qui, avec plus d'autorité que les parents, vous a dit, à l'heure où la mère vous présenta sa fille :

« Recevez-la. — C'est moi qui vous la confie. — Elle est à moi !

« C'est pour elle, que je vous ai donné tout ce qu'il y a en vous de lumière, d'affection, de dévouement. — Employez, pour elle, tous ces trésors de votre intelligence et de votre cœur. — Ayez pour elle la délicatesse et la tendresse d'une mère.

« Élevez-la pour moi — moi, je suis la fin unique de votre mission.

« Qu'elle me connaisse, qu'elle me serve, qu'elle m'aime.

« Vous n'aurez pas toujours votre récompense en ce monde ; mais, c'est moi, non pas seulement qui vous donnerai votre récompense, mais *moi qui serai votre récompense*.

« Vous me donnerez des âmes, je vous donnerai mon ciel. »

*

3ⁿ Vous êtes responsable :
Devant l'enfant elle-même.

L'enfant ne pense pas — à l'heure où elle vous est confiée par sa mère — à ce qu'elle pourra faire plus tard.

Mais si elle n'a pas été formée par vous — à un degré plus ou moins élevé sans doute — à la piété — au travail — à l'ordre — à la vie soumise et occupée — si elle se voit :

sans *force* pour supporter les peines,
sans *activité* pour la lutte,
sans *savoir-faire* pour venir en aide,
sans *utilité* pour remplir sa mission.

... Que de reproches elle aurait à vous faire — *injustes* presque toujours — mais quelquefois un peu fondés!..

*
* *

Courage, maîtresses chrétiennes, si remplies de bonne volonté. — N'oubliez pas que le bon Dieu est avec vous et travaille pour vous.

C'est sous l'inspiration de ces pensées que je vous demande, ô vous qui avez à diriger une classe et à former des âmes d'enfants, de lire sous le regard de Dieu ce petit livre qui vous est remis.

L'Auteur des *Paillettes d'Or*.

Notes de Pédagogie

I

Préliminaires et généralités.

1° DÉFINITION DE LA PÉDAGOGIE.

A pédagogie est la science qui s'occupe de la formation morale, intellectuelle et même du développement de la vie physique de l'enfant.

Elle fait connaître :

Les *principes* qui doivent diriger dans cette formation et dans ce développement;

les *moyens* qui doivent être employés.

2° ÉTENDUE DE LA PÉDAGOGIE : ÉDUCATION
ET INSTRUCTION.

La partie de la pédagogie qui s'occupe plus directement de la formation *morale* de l'enfant, c'est-à-dire de la manière dont il doit se conduire dans la vie, avec dignité et avec droiture, prend le nom
d'*éducation*.

La partie de la pédagogie qui s'occupe plus directement de la formation *intellectuelle* de l'enfant, prend le nom
d'*instruction*.

Le mot *éducation* indique l'action d'une maîtresse qui *sème* dans l'âme d'une enfant, des pensées religieuses, généreuses, élevées — les *cultive* — et à l'aide de la puissance divine qui est dans cette âme, les voit sortir, s'épanouir et donner ainsi à cette enfant :
La *lumière* pour voir le bien,
La *force* de la volonté pour entreprendre ce bien,
Le *dévouement* pour accomplir et propager ce bien.

Il faut en agriculture, dit Plutarque,
un bon sol,

un habile cultivateur,
des semences bien choisies.
Or, dans l'éducation :
L'*âme*, c'est le sol,
Le *maître*, c'est le cultivateur,
Les *préceptes*, sont la semence.

Le mot *instruction* indique l'action d'une maîtresse qui met en ordre dans l'intelligence et la mémoire d'une enfant, des *connaissances* qui, acceptées par le jugement et aimées par la volonté, lui serviront de guide pour son utilité particulière et pour l'utilité de ceux avec qui elle vivra.

3° UNION NÉCESSAIRE DE L'ÉDUCATION ET DE L'INSTRUCTION.

La pédagogie pourrait, en *théorie*, séparer l'éducation de l'instruction : en *pratique*, elle ne le fait jamais, parce qu'elle a pour but la *formation complète* de l'enfant.

Or, cette formation embrasse l'*être tout entier* :

1. L'enfant est un être, *vivant* avec des organes matériels — de là : la *formation physique*, c'est-à-dire des soins à donner au corps et au développement des organes de ce corps.

2. L'enfant est un *être intelligent*. Il voit, il connaît, il comprend, il apprécie, il imagine — de là : la *formation intellectuelle*.

3. L'enfant est un *être responsable*. Il agit librement. — Il veut ou ne veut pas. — Il peut faire le bien ou faire le mal. — Il sait ce qui est bien et ce qui est mal — de là : la *formation morale*.

4. L'enfant est un *être essentiellement religieux*.

Il sait, par une lumière intérieure : l'existence d'un être supérieur à lui, d'où est venue l'existence de ce qu'il voit et son existence à Lui. — Il sent qu'il a des devoirs envers cet être souverain qu'il appelle Dieu — de là : la *formation religieuse*.

Toute éducation qui n'est pas religieuse, dit Aimé Martin, *décomplète* l'homme, et ne réussit tout au plus, qu'à faire un animal intelligent.

Seule, la religion peut répondre aux *pourquoi* d'un enfant, contrarié dans ses instincts.

Rien, dit de Maistre, ne remplace l'éducation religieuse. Si la mère surtout s'est fait un devoir d'imprimer profondément sur le front de son fils le *caractère divin*, on peut être sûr que la main du vice ne l'effacera jamais. Le jeune homme pourra s'écarter sans doute, mais il décrira *une courbe rentrante* qui le ramènera au point dont il était parti.

C'est une erreur de penser que l'homme n'est grand que par la science. La science est une *lumière*, elle n'est pas un *guide infaillible*. Seule la soumission à la direction donnée par Dieu augmente la puissance de connaître et empêche l'homme de s'égarer.

D'une manière générale, on donne à chacune de ces formations morales et intellectuelles, le nom d'*éducation*.

4° SOURCES OU SE PUISENT LES ÉLÉMENTS DE LA PÉDAGOGIE.

Les leçons exposées dans un livre de Pédagogie, ne doivent pas être formulées d'après une vulgaire routine.

Elles doivent s'appuyer :

1. Sur des *principes* que le père et la mère ont trouvés gravés en eux-mêmes et qu'on peut appeler *de sens commun* — et qui leur font *sentir*, plus peut-être que se *rendre compte* de ce qui est *utile ou nuisible* à leurs enfants.

2. Sur *l'expérience acquise* par des hommes d'étude — transmise, éprouvée et généralement acceptée.

3. Sur des *procédés* qui doivent être en parfaite harmonie :

avec la nature de l'enfant,

avec ses besoins, ses instincts, ses tendances, ses destinées — soit pour la vie présente et la position qu'il doit occuper — soit surtout pour la *vie à venir*.

4. Sur la connaissance de ce qu'on appelle le *mouvement pédagogique moderne* — non qu'il faille tout adopter, mais qu'il est bon de connaître, d'essayer quelquefois en passant, se rappelant cet axiome :

En éducation, peu innover ; beaucoup perfectionner.

5. Sur les conseils donnés par les livres spéciaux et par les journaux pédagogiques.

Ces livres et ces journaux indiquent *des méthodes* sanctionnées par l'expérience — des *plans* de devoirs très suggestifs — des *conseils* et des *procédés* qui sont de vraies lumières pour l'esprit.

Il est nécessaire de les consulter, mais à condition de ne pas se laisser entraîner à essayer tout ce qu'ils proposent.

Là vous apprendrez :

une bonne distribution du travail quotidien,
une part plus large faite à l'enseignement oral —
à .la discussion — à la composition — à l'érudition,
l'usage plus fréquent des images et des leçons de choses,

l'animation de la classe par les *questions* propo-
sées par le maître, comme supplément à l'enseignement classique... et *celles* faites par les
élèves — en dehors des heures réglementaires,
l'usage des expériences scientifiques très simples, mais très utiles, — des jeux d'esprit, —
des curiosités littéraires, — des lectures
animées,— des tableaux résumant une époque,
un siècle...

A l'aide de ces journaux qui viennent chaque
semaine donner comme un reflet lumineux à votre
vie de tous les jours, — vous saurez mieux encore
faire aimer votre classe — et comme vous ne
choisirez que des périodiques inspirés par l'esprit
chrétien, ils vous viendront en aide pour développer,
dans l'âme de vos enfants, si avide de tout ce qui est
grand et de tout ce qui est beau, les sentiments les
plus généreux.

II

Où et comment se fait la formation de l'enfant.

Cette formation de l'âme, du cœur, de l'esprit, du
caractère d'une enfant peut se faire :

dans la famille par les parents eux-mêmes, ou,
sous les yeux des parents, par des maîtres choisis et
surveillés par eux.

Mais elle se fait·avec plus de facilité, plus de régularité, plus de succès, dans ces *maisons spéciales* où les enfants *viennent* chaque matin, et *retournent* chaque soir chez eux *(externes)* -- ou bien *résident,* pendant toute la période scolaire, comme dans leur famille *(internes)*.

Ces maisons sont dirigées par des personnes venues là, entraînées par *vocation*, c'est-à-dire par attrait, possédant et sachant donner toutes les connaissances nécessaires à une jeune fille pour devenir plus tard la femme bonne, dévouée, intelligente, active, sensée, aimable que réclament la famille et la société.

C'est *à vous* — Maîtresses dévouées — à qui Dieu a donné la direction d'une de ces maisons, que nous nous adressons spécialement.

C'est, pour vous venir en aide dans cette direction, que nous écrivons ces pages — résultat d'une longue expérience et de l'étude attentive de ce qu'ont écrit ceux qui se sont occupés de la formation de l'âme, de l'intelligence, du cœur, du caractère de l'enfant.

Ces maisons d'éducation prennent le nom d'*externats,* — de *pensionnats* — de *cours* — d'*instituts* — nous adoptons le mot *pensionnat* comme le plus usité.

— Nous n'avons pas à nous occuper ici des avantages de l'*externat* ou du *pensionnat* et de la préférence à donner à l'un ou à l'autre.

III

Ce qu'est le Pensionnat et ce qu'il donne.

Le Pensionnat est un véritable *trésor*. Il renferme tout ce qui est de nature à former l'âme — l'intelligence — le cœur — la volonté — le caractère d'une enfant.

i. Il donne à l'*âme* de la jeune fille : *la piété*, c'est-à-dire la connaissance de Dieu — l'amour de Dieu — l'union à Dieu — la *vie* sous la direction de Dieu ; vie employée *au bien-être* de tous...
Il lui permet de compter plus tard sur la protection, sur le secours — sur les lumières de Dieu — pour remplir la mission que Dieu lui confiera.

ii. Le Pensionnat donne à l'*intelligence* de la jeune fille :
Les connaissances qui lui seront utiles — pour sa conduite personnelle — et pour la conduite de ceux qu'elle aura un jour à *fortifier* — à *garder* — à

soulager — à former — à diriger — à maintenir dans l'ordre et dans l'habitude du bien.

Connaissances aussi qui seront pour son esprit, quelquefois affaissé, un relèvement, une joie, un charme — et lui permettront d'entretenir autour d'elle une douce et entraînante gaîté.

III. Le Pensionnat donne au *cœur* de la jeune fille :
Le dévouement — la force — l'amabilité — le
    savoir-faire — le tact qui feront d'elle :
Le soutien — la consolation — la joie — la force
    — le bonheur de la famille.

IV. Le Pensionnat donne à la *volonté* de la jeune fille :

1. La force qui la rendra capable de supporter sans murmures — sans découragement — sans affaissement :

Les peines, les accidents, les déceptions, les malheurs... qu'elle rencontrera tôt ou tard dans la famille.

2. L'énergie — puissance intérieure qui la *soutiendra* pour accomplir activement et résolument le devoir de l'heure présente — pour porter les peines physiques ou morales, et qui la relèvera dans ses faiblesses et dans ses affaissements.

v. Le Pensionnat donne *au caractère* de la jeune fille :

Une souplesse — une amabilité — une grâce — une simplicité qui la rendent agréable à tous — utile à tous — indispensable en quelque sorte au bien-être de tous,

Et qui réalise cette parole du Saint-Esprit :

Là où la femme n'est pas, l'homme gémit.

IV

Comment se fait, dans le Pensionnat, cette formation de l'âme, de l'intelligence, du cœur, de la volonté et du caractère.

Cette formation se fait :
par l'instruction,
et par l'éducation.

Ces deux moyens, nous l'avons dit, ne peuvent être séparés — sans leur union, l'*être* le mieux doué est nécessairement incomplet.

Dans sa vie privée, comme dans sa vie publique, il sera très souvent *inutile* — peut-être même dangereux, surtout s'il n'a reçu que l'instruction.

1° *L'instruction.*

1. L'Instruction qui s'adresse directement à l'intelligence consiste dans l'acquisition des connaissances qui permettent à une enfant de *savoir* :

Ce qu'elle devra faire plus tard et comment elle devra agir pour se rendre utile à elle-même — utile aux autres — agréable même.

2. L'instruction donne à tous en général la connaissance des sciences qui, nous venons de l'indiquer, — n'ont qu'un but *utilitaire : lecture — écriture — histoire — sciences physiques — mathématiques — usages du monde...* — Mais, quand elle pénètre dans *une intelligence supérieure*, elle forme ces *esprits* qui, s'ils ont eu le bonheur d'avoir reçu une *forte éducation*, — font la gloire d'une nation : les *savants*, les *artistes*, les *littérateurs*, les *philosophes*, les *hommes d'État*, — et surtout —ce qui est préférable à tout, *les femmes*, qui, par leur caractère et leur habileté, *soutiennent* une maison, la *relèvent* — la *rendent* grande et respectable et préparent les enfants à devenir des hommes.

3. L'instruction est la partie la plus brillante des trésors que renferme le Pensionnat. Elle est la plus

recherchée, parce qu'elle fait directement briller et réussir dans le monde.

Elle fait la gloire, la joie, le bonheur de ceux qui l'ont acquise pendant leur jeunesse.

Elle ne peut s'acquérir qu'avec beaucoup de peines, de constance, d'ordre...

Elle peut se perdre, s'amoindrir au moins, par la paresse et le goût des futilités.

Elle peut s'augmenter par un travail constant, assidu et augmenter ainsi les joies de l'esprit.

L'instruction est un des moyens les plus efficaces pour être utile aux autres.

4. L'instruction *seule* peut être plus nuisible qu'utile, dans certaines natures.

Elle ne peut, par elle-même, retenir les *passions* qui entraînent aux *jouissances matérielles* et à l'*égoïsme* — et qui trouvent de puissants auxiliaires dans les connaissances acquises.

L'instruction pousse par elle-même à la *vanité*, au *mépris des autres*..., à l'*indépendance*.

Elle peut être cependant un puissant moyen pour être vertueux — La force morale de l'*homme instruit* est bien supérieure à celle de l'homme qui ne sait pas...

2° *L'éducation*.

L'éducation qui s'adresse directement à l'âme est la partie la plus utile du trésor que renferme le Pensionnat.

Elle est le développement et le perfectionnement *du bon sens* sous l'influence de la grâce divine.

Or le bon sens est le régulateur de la vie.

Le bon sens est le ressort sans lequel la vie *humaine* n'a pas de mouvements réguliers, utiles par conséquent — et sans lequel, elle est à peu près toute entière ou dans le désordre ou dans la nullité.

1. L'éducation — d'après l'étymologie du mot — *(educere, faire sortir)* élève l'âme — la monte vers tout ce qui est *grand* — tout ce qui est *beau* — tout ce qui est *saint* — tout ce qui est *vrai...*

Elle éveille la conscience, et l'oriente vers les choses de Dieu. — Elle utilise l'*idée de Dieu* connu par la raison, et en fait pour l'enfant une base certaine et inébranlable de moralité. — Elle fait aspirer l'âme vers la sainteté — c'est-à-dire, vers cette vie d'union à Dieu — d'application au devoir, — de dévouement et de sacrifice dont Notre-Seigneur Jésus-Christ a été pour nous le modèle — et qui a pour but de *venir en aide* — de *soulager* — de *consoler* — de *diriger* — de *rendre heureux...*

2. L'éducation s'acquiert plus difficilement que l'instruction — parce que :

Elle est, dans ses résultats, moins sensible, moins apparente, moins appréciée et qu'on s'attache moins soit à la donner, soit à en apprécier les résultats.

Elle exige plus d'efforts soutenus, trouvant dans l'âme, le cœur et le caractère un plus grand nombre d'obstacles à vaincre.

On accoutume trop l'enfant à préférer la science à la vertu, à être plus fier d'être *savant* que d'être *sage*.

3. L'éducation — nous le développerons plus loin — consiste dans l'*attention* à voir et à admirer ce qui est beau et ce qui est bien, à s'en pénétrer et à exciter en soi le désir de faire soi-même quelque chose de beau et de bien,

dans l'*habitude* de faire — d'essayer au moins — quelques-uns de ces actes bons, généreux, qui demandent un effort — pour arriver petit à petit à faire *le bien*, non pas *sans peine*, mais avec cette générosité qui fait apprécier et aimer le *sacrifice ;*

dans le *développement* des bons sentiments que Dieu a mis en nous et la *répression* de nos mauvais instincts...

4. L'éducation seule peut suffire, même au point de vue humain, à rendre *la vie utile*, si non brillante — et on rencontre nombre de personnes, ignorantes de ce qu'on appelle *sciences*, qui font le bonheur de ceux qui les entourent.

*
* *

L'instruction et l'éducation unies donnent à la vie entière un charme que la vertu n'aurait que difficilement ; — cette union forme l'homme complet et c'est à cette formation que tendent les efforts du Pensionnat.

V

Moyens d'acquérir l'instruction.

L'instruction s'acquiert, sous la direction de maîtresses instruites et expérimentées :

par *la parole* vivante, animée, convaincue de ces maîtresses,

par le secours *de livres* choisis, expliqués et commentés par elles.

I

L'instruction demande :

1. L'attention à écouter les leçons données.
2. L'habitude de redire ces leçons :

de *vive voix* d'abord — travail un peu difficile au début, mais qui devient *aisé* — surtout quand la leçon a été *précisée* et que la maîtresse en a indiqué les principales idées, *par écrit ensuite* — c'est plus aisé parce qu'on se possède davantage — et peut-être faudrait-il commencer par là.

3. L'application de l'esprit qui cherche :

à comprendre une lecture imposée,

à reproduire par écrit ce qu'on a lu — ce travail peut se faire soit à l'aide de la *table des matières* un peu commentée, soit par quelques pensées extraites de chaque chapitre.

L'instruction s'acquiert :

par l'étude de mémoire de pages choisies et désignées par la maîtresse, et le soin de redire ce qui a été appris mot à mot — non pas machinalement, mais avec intelligence -- *faisant ressortir* le sens des mots — la force des pensées — les impressions reçues — parlant, racontant plus que *récitant;*

par l'obligation de reproduire sur un cahier :

ce qu'on a vu,

ce qu'on a entendu,

ce qu'on a désiré,

ce qu'on a senti,

ce qu'on a imaginé.

ce qu'on a trouvé de *beau,* d'*élevé,* de *spirituel,* de *gracieux* dans un livre — ce qu'on pense d'*un fait* raconté et d'un *jugement* porté.

C'est là un travail de tous les jours sous des *formes* qui peuvent varier..., mais travail plein d'attraits.

L'instruction se complète :

par la recherche un peu minutieuse d'abord, mais devenant attrayante peu à peu, de ce qu'il y a *de beau* dans une page littéraire.

C'est, avant tout, la pensée générale de l'auteur indiquée par le *titre* — qu'on cherche à résumer en une phrase.

C'est le développement de cette pensée, c'est-à-dire l'indication de ce que l'auteur a ajouté, qui la rendra plus saisissante, plus forte, plus attrayante, plus utile.

C'est la manière dont ce développement a été exprimé et présenté : *images, comparaisons, mots choisis... citations...*

C'est l'impression produite sur le *lecteur* qui a été captivé, entraîné, qui s'est senti enrichi de connaissances ou nouvelles ou plus complètes.

L'instruction exige le *goût*, — je dirai même la *passion* de la lecture qui nous met en rapport avec les *richesses* que nous ont laissées tous les siècles — qui nous permet de les apprécier, de les faire nôtres...; mais il faut *savoir lire — chosir* ses lectures

— *adapter* ses lectures — *s'enrichir* de ses lectures — *jouir* de ses lectures... — Ces simples indications seront développées plus tard.

VI

Moyens d'acquérir l'éducation.

L'éducation s'acquiert :

1° pas *les conseils* donnés soit directement, soit indirectement, chaque fois que l'occasion se présente. — Elle se présente presque à chaque instant, à la maîtresse dévouée, qui veut le bien de ses élèves.

C'est après *un fait historique* dont on montre la grandeur, la justice ou l'iniquité.

C'est après *une lecture*, dont on résume l'enseignement, montrant ce qu'elle renferme d'utile, pour la conduite de la vie.

C'est après *une pensée*, choisie exprès quelquefois, mais présentée comme par hasard, et ayant pour but de *redresser*, de *corriger*, d'*encourager*, de *donner une leçon* qui aurait été mal reçue peut-être; une *poésie*, une *histoire* racontée... une *action* ou généreuse ou coupable, qui s'est passée sous les yeux de tous.

L'éducation s'acquiert :

2° Par les actes d'obéissance, de générosité, d'application au devoir — de domination de caractère... actes exigés tous les jours avec douceur, persuasion, encouragement sans doute, mais avec fermeté et avec constance — actes qui seront d'autant plus *formateurs* qu'ils auront coûté plus d'efforts.

L'éducation s'acquiert :

3° Par la répression constante de *tout acte d'indiscipline*, échappé même à la légèreté, mais surtout produit par la mauvaise volonté et l'entêtement...

Que de tact, que de prudence, que de savoir-faire, que d'abnégation, que de dévouement, que de possession de soi... demande à une maîtresse cette direction des actes extérieurs et intérieurs d'une enfant !

Louanger, — blâmer, — récompenser, — punir, — exciter, — contenir, — relever, — accoutumer à la franchise, — faire détester l'hypocrisie, — détourner du mensonge, — apprendre à être généreux, à aimer le devoir, le sacrifice, — à ne pas se plaindre pour un rien... et que de vertus dans une maîtresse ! Si elle n'a pas Dieu en elle, que fera-t-elle ?

L'éducation s'acquiert surtout :

4° Par la connaissance insinuée doucement, affectueusement, des vérités religieuses.

Par l'habitude contractée de vivre avec Dieu et sous le regard de Dieu.

Par la pratique de la prière — par la fréquentation des sacrements.

Par la soumission aux enseignements de l'Église.

L'éducation a pour base absolument nécessaire : *La connaissance et l'amour de Dieu.*

Dieu infini en puissance, infini en sagesse, infini en miséricorde, infini en bonté;

Dieu *maître* qui commande, qui sait tout, qui connaît tout — qui *récompense* tout ce qui est bien — *punit* tout ce qui est mal — *vient en aide* à tous ceux qui l'appellent;

Dieu *père* qui protège, qui relève, qui pardonne, qui aime, qui demande le respect, l'obéissance, l'amour — qui paie en bonheur tout ce qui est fait en son nom, tout ce qui est fait de bon...

« Il y a quelque chose de très supérieur à la science, à la philosophie, a dit un penseur — c'est l'*éducation.*

L'éducation, ce n'est pas d'*instruire*, c'est d'*élever les âmes,* de cultiver, d'exercer, de fortifier, de développer toutes les facultés intellectuelles, religieuses, morales, qui constituent dans un enfant la nature et la dignité humaine;

C'est restituer à ces facultés toute leur intégrité et les établir dans la plénitude de leur action ;

C'est former ainsi l'homme lui-même et le préparer à servir son pays dans les fonctions sociales qu'il aura à remplir ;

C'est enfin, dans une pensée plus haute, élever l'âme jusqu'à la vie éternelle.

Voilà le but de l'éducation. »

VII

Par qui sont données l'instruction et l'éducation dans le Pensionnat.

L'instruction et l'éducation sont données par des maîtresses choisies avec discernement.

1. Elles ont reçu cette mission, non pas des parents des enfants — mais de Dieu lui-même.

L'enseignement est pour elles :

non pas *une position matérielle* — ni un simple attrait, mais une *véritable vocation divine*.

2. Elles ont accepté généreusement cette mission et cette vocation dont elles connaissent :

toutes les peines matérielles ;

fatigues inévitables — veilles souvent prolongées — assiduité d'une surveillance à peu près continuelle — études incessantes pour être au niveau des progrès de la science — travail assujettissant, monotone, sans profit réel pour leur intelligence, à cause de la correction quotidienne des devoirs des élèves;

toutes les peines morales :
formation des caractères souvent rebelles,

luttes contre les mauvais penchants et les mauvaises volontés,

support des murmures, des ingratitudes, des oublis,

obligation pénible, mais nécessaire, de punir, par conséquent, d'irriter des cœurs qu'elles aiment,

reproches souvent et ordinairement immérités de la part des parents.

« Elles savent que l'œuvre à laquelle elles se dévouent, est une *œuvre de tous les jours*, demandant une application continue :

— Une *œuvre de longue haleine*, réclamant une attention soutenue et patiente.

— Une *œuvre complexe* qui, requérant de multiples sollicitudes, veut que toutes concourent et tendent au même but.

— Une *œuvre délicate* dont il est impossible de s'acquitter sans un savoir-faire instructif et une grande expérience.

— Une *œuvre difficile* qui exige, tout à la fois, la *direction* ferme d'une autorité irrécusable et le dévouement d'un amour sans borne. »

3. Elles ont été longuement préparées à cette mission, par des études difficiles qu'elles continuent toujours pour être plus utiles à leurs élèves.

4. Elles renoncent à tout *profit* matériel, à toute *gloire humaine* — ces deux grands stimulants du travail sur la terre — pour ne considérer qu'*un devoir* dans leur dévouement et que la récompense promise par Dieu après la vie.

5. Enfin, elles n'attendent que de Dieu — mais elles l'attendent avec une certitude qui fait leur joie et qui est leur soutien — *la récompense qu'elles méritent.*

VIII

Conclusion.

Il y a dans les maîtresses qui dirigent un pensionnat — et dans chacune d'elles — deux *personnalités* qui se fondent en une seule dans l'enseignement qu'elles ont à donner :

L'institutrice,

L'éducatrice.

Instruction — éducation, ce sont deux rayons qui sortent du même foyer : *l'âme de la maîtresse,*

comme sortent du soleil les rayons qui échauffent
et éclairent, qui colorent et mûrissent en même
temps. On peut les *étudier* séparément, *voir* séparément les effets qu'ils produisent, mais ils agissent
ensemble...

Voilà pourquoi nous allons, dans un premier
livre, nous occuper presque exclusivement de
l'*éducatrice*.

Et, dans un second livre, nous occuper de l'*institutrice*,

montrant à chacune d'elles, comment l'une et
l'autre doivent *se former* pour être capable de
remplir leur mission, et puis *unir leur dévouement*
pour agir sur les enfants qui leur sont confiées.

Résumons, en quelques lignes, ce qu'il y a de
particulier dans la mission de l'institutrice et celle
de l'éducatrice.

L'*institutrice* a pour mission spéciale surtout :

la formation et le développement des facultés par
lesquelles l'homme voit — connaît — apprend —
juge — apprécie — raisonne. — Ces facultés sont
dites facultés *intellectuelles*.

L'*éducatrice* a pour mission spéciale surtout :

la formation et le développement des facultés par
lesquelles l'homme, sachant qu'il vient de Dieu et
qu'il va à Dieu, veut lui obéir, s'attacher à lui,
vivre sous sa dépendance — et le servir par tous les

moyens qu'il a mis à sa disposition — faire, en un mot, son devoir quel qu'il soit.

Les facultés de l'âme dont l'éducatrice s'occupe spécialement, sont *la volonté* et *la sensibilité*.

L'instruction meuble l'esprit,

L'éducation, le cœur.

L'instruction donne l'essor à l'intelligence,

L'éducation donne la vigueur à la volonté.

L'instruction enrichit la mémoire et fait briller l'esprit,

L'éducation donne la rectitude au jugement.

L'instruction prépare et forme la femme savante,

L'éducation prépare et forme la femme dévouée.

L'instruction donne le savoir qui flatte,

L'éducation élève le caractère et le plie aux exigences de la vie.

On le voit, ce n'est que par l'union de l'éducation et de l'instruction que *l'âme* se forme, se développe, détruit ou affaiblit en elle ce qu'il y a de défectueux — et la jeune fille devient ainsi ce que Dieu veut qu'elle soit :

un être utile.

NOTES

I

Élever.

Quand un Romain devenait *père*, on déposait à ses pieds son enfant nouveau-né.

Si de ses mains, il le *relevait* de terre, l'enfant devait vivre, grandir, et devenir comme lui, citoyen de Rome qui commandait au monde.

Si l'enfant était laissé à terre, il devait mourir.

Parents chrétiens, vous dont le cœur est haut et les destinées sublimes, quand Dieu vous donne un enfant, prenez-le vous aussi dans vos bras, *élevez-le* vers Dieu, notre maître et le sien, faites-le regarder le ciel, but de son terrestre voyage ; et que cet acte d'oblation spontanée soit pour lui, comme pour le jeune Romain, l'emblême de la vie, mais de la véritable vie, de celle qui ne finit point !

Bientôt alors commencera une autre *élévation*, celle dont la première, faite au seuil de l'existence, n'aura été que l'image : *l'éducation*.

Pères et mères chrétiens, choisissez alors des maîtres craignant Dieu ; par vocation ou par état, plus versés que vous ne l'êtes dans les voies de la vérité et de la science, ils achèveront votre œuvre, et feront de vos fils des hommes au cœur droit, à l'âme virile, à l'intelligence ouverte, large et bien ornée, des hommes humbles, mortifiés, charitables ;

des hommes d'action, d'abnégation, de dévouement; des hommes utiles à leur patrie, fidèles à leur foyer, et ardents au service de Dieu.

Mais cela, ils ne le feront que si vous leur mettez entre les mains des enfants bien *élevés*...

Si vos enfants sont gâtés — tout est perdu.

Parents chrétiens, élevez vos enfants vers Dieu! Un cœur d'or, une main de fer, une âme de feu.

Voilà ce qu'il vous faut, tout cela et rien que cela.

II

Éduquer — donner l'éducation.

Ce mot signifie : *tirer d'en bas — sortir d'un endroit inférieur* et *conduire en haut.*

C'est tirer l'âme, l'esprit, le cœur de l'enfant :

1° De l'*ignorance* dans laquelle il est enveloppé. — L'ignorance est comme une nuit. On ne voit pas ce qu'on doit connaître, ce qu'on doit faire — ce qu'on doit aimer;

2° De l'*esclavage* des choses sensuelles qui le pénètrent et l'accoutument à *ne voir* que par les sens — à ne chercher que ce qui flatte les sens — à n'aimer que ce qui donne une puissance aux sens.

C'est *conduire* l'enfant vers la vie de l'intelligence, du cœur, de la foi.

III

Instruire.

Ce mot indique l'action de l'architecte *construisant* un bâtiment sur des bases solides.

La personne chargée d'*instruire* une âme d'enfant, doit, avant tout, poser dans cette âme *la vérité religieuse*. —

C'est le seul fondement sur lequel puisse reposer l'ordre général, — fondement immuable, sur lequel s'élève tout ce qui est bon, tout ce qui est grand, tout ce qui est utile.

Ceux qui le dédaignent, dit Rousseau, ôtent *aux affligés* la dernière consolation de leur misère — *aux puissants et aux riches* le seul frein de leurs passions. — Ils arrachent du fond du cœur le *remords du crime* et *l'espoir de la vertu...* Par elle-même, la *philosophie*, c'est-à-dire l'instruction sans Dieu, ne peut faire aucun bien que la *religion* ne le fasse encore mieux — et la religion en fait beaucoup que la philosophie ne saurait faire.

On *enseigne* à l'école laïque, quelquefois même *très bien*, mais c'est tout, dit un homme du monde.

Et cependant, le maître d'école doit remplacer les parents *pour l'instruction et pour l'éducation des enfants.*

Dans les lycées et dans les écoles primaires, nous avons *des professeurs* et non *des éducateurs :* je n'accuse pas les instituteurs, ce n'est pas leur faute. Selon la parole de M. Gurnand, « ils ne sont pas tenus d'être héroïques. Ils enseignent... Ce sont des cerveaux; ils parlent aux cerveaux ouverts devant eux, s'efforcent d'y faire pénétrer avec leur science *le goût du savoir*. Mais il ne faut pas leur demander de *former des cœurs et des volontés*, de *discipliner et d'orienter des consciences.*

Ils pourront intéresser leurs élèves par un cours de morale éloquent, mais ce n'est pas dans un cours, dans un livre, si bien faits, si entraînants soient-ils, qu'on apprend *le devoir et la pratique habituelle de la vertu.*

Seuls sont vraiment communicatifs l'exemple et les accents du cœur. L'*exemple*, ils le donneront quelquefois, mais ils ne donneront pas *leur cœur*. N'espérons pas qu'il y ait, par exception, entre eux et leurs élèves, ce contact affectueux qui rendra expansives des âmes jeunes, et par conséquent, avides de se livrer toutes; n'espérons pas que jamais les élèves s'abandonnent, en toute confiance, pour la direction de leur vie ou simplement pour la recherche d'un conseil, au proviseur ou au professeur. »

PREMIÈRE PARTIE

Formation de l'Éducatrice.

Formation de l'Éducatrice.

I

DANS ces pages, nous nous occupons
directement de la *formation* de l'éducatrice, lui indiquant :

ce qu'elle doit être,

ce qu'elle doit savoir,

et comment elle doit communiquer son savoir,
    pour remplir la délicate *mission* que Dieu lui
    a confiée.

Cette mission est de former — au bien, à la vérité,
à la vertu, — les âmes, les intelligences, les volontés des enfants à qui elle s'adresse, et, par là, de

faire de chacune de ces enfants des personnes vertueuses, utiles, dévouées,

et de développer, ce qu'on a appelé si justement :

le germe divin
que Dieu a déposé dans leur âme.

Le sculpteur *taille* dans le marbre pour en faire jaillir un chef-d'œuvre, — l'*éducateur modèle* les âmes d'enfant pour en faire le chef-d'œuvre par excellence : de *vaillants serviteurs de Dieu.*

II

Nous supposons :

1° que les maîtresses à qui nous nous adressons, ont été formées *au point de vue chrétien* et *au point de vue religieux,*

qu'elles ont compris le besoin de leur union avec Dieu — à qui elles se sont données comme *auxiliaires,*

union par la communication de l'esprit : *La prière,*

union par la communication de l'âme : *La sainte Communion,*

union par la communication des œuvres : *Le don de soi* à tous ceux qui leur sont confiés, leur faisant du bien et se dévouant,

union enfin, de leur volonté à la volonté de
Dieu, s'appliquant, parce que Dieu le veut, à l'étude
régulière, forte, réfléchie de tout ce qui peut être
utile aux enfants qui leur sont confiées : *études
religieuses, littéraires, historiques, scientifiques.* —
Ce travail intellectuel devient pour elles *un devoir
d'état* duquel dépend leur salut.

Nous supposons :

2° que celles à qui nous nous adressons, ont
accepté la mission d'*éducatrice* et d'*institutrice* par
l'effet d'une vocation spéciale,

qu'elles ont senti — inspirées par Dieu — un
désir ardent de faire connaître Dieu, de le faire
servir, de le faire aimer — de consacrer à cette
œuvre, auprès des enfants, toute la puissance de
leur intelligence, et toute l'affection de leur cœur —
et que s'étant offertes généreusement à Dieu, elles
ont entendu ces paroles qu'a sanctionnées le directeur de leur conscience :

*Allez, enseignez ces enfants — apprenez-leur à
me connaître, à me servir, à m'aimer. — Tout ce que
vous ferez à ces petits, c'est à moi que vous le ferez —
c'est moi qui serai votre récompense.*

Nous supposons enfin :
3° des études sérieusement faites.

Études couronnées par les succès dans les différents examens, constatant la science acquise et
donnant le droit, par les diplômes obtenus, d'ouvrir
un pensionnat, de le diriger et d'y enseigner les
sciences dans tous leurs degrés.

Étude, qu'on sent le besoin de *continuer,*
d'actualiser, de *perfect onner,* de *préciser,* *d'adapter*
aux différentes classes d'enfants — de diriger surtout
vers le but principal de la mission reçue : *former*
des âmes, des intelligences, des cœurs, des volontés,
des caractères.

III

Or, *former une âme,* n'est pas seulement l'embellir,
la meubler, l'enrichir, lui donner de l'éclat.

C'est faire d'elle :

1° *une enfant de Dieu* — qui connaisse Dieu —
aime Dieu — obéisse à Dieu ; vivant, bonne et
dévouée dans sa famille, sous l'influence de cette
connaissance et de cet amour ;

2° *un apôtre de Dieu* — faisant connaître, aimer
et servir Dieu autour d'elle et défendant Dieu dans
la sphère où Dieu l'a placée ;

3° un être utile autour d'elle — étant dans sa famille
   ce qu'est l'*air* pur et bienfaisant sans lequel
   on ne vit qu'avec gêne et contrainte ;

ce qu'est la *lumière* sans laquelle on reste dans la tristesse et souvent dans le désordre;

ce qu'est l'*arbre* devenu fertile, qui nourrit par ses fruits — réjouit par ses fleurs — repose par son ombrage.

Former une âme — c'est ensemencer cette âme d'une semence forte et féconde qui, en se développant, apprenne à l'enfant :

à penser plus qu'à retenir,

à comprendre plus qu'à savoir,

à s'enrichir par des *idées* plus que par l'*érudition*,

à donner à l'intelligence de la *largeur* et *des clartés*, plus que *des mots* spirituels et brillants.

Former une âme — c'est faire jaillir de cette âme ce qu'il y a en elle de beau, de grand, de divin. — il y a de tout cela dans une âme. — L'éducation n'est pas *au sommet*, elle est partout, elle est dans l'intime surtout — il faut aller jusqu'au fond pour découvrir et aider à sa croissance, *le germe divin*.

C'est — pour la maîtresse — avoir dans la pensée, comme *règle* d'action :

Toujours bien,

Toujours mieux,

Toujours en avant,

Toujours plus haut.

IV

Après avoir exposé le *but de l'éducation*, nous dirons comment doit se former celle qui est appelée par Dieu à donner cette éducation, lui indiquant :

1° *Les qualités d'une bonne éducatrice,*

2° *Les vertus spéciales d'une bonne éducatrice,*

3° *Les défauts que doit éviter une bonne éducatrice,*

4° *Les récompenses que Dieu réserve à une bonne éducatrice.*

I

But de l'Éducation.

Le but de l'éducation, est

de rétablir — autant que le permet notre passage sur la terre — l'âme de l'enfant dans l'état où elle était quand elle sortit, pour la première fois, des mains de Dieu son créateur :

Etat d'innocence et de paix,

Etat de lumière et d'amour,

qui auraient fait d'elle un enfant de Dieu toujours aimé, toujours aimant, toujours dévoué — rayonnant autour d'elle la splendeur, la joie, le bonheur...

C'est *de sortir* l'âme de l'enfant, de l'encombrement qui la tient en bas, comme une esclave — et de l'*élever en haut* dans la région de la liberté sereine.

Oh! qu'il est beau, qu'il est divin ce mot *élever*, spécial à notre langue française et si profond dans sa simplicité.

Élever — a-t-on dit — c'est prendre *quelque chose* qui est en bas et le monter dans une sphère plus haute et plus pure.

Appliqué à l'âme de l'enfant, l'*élever*, c'est prendre cette âme dans la bassesse, de ce terre à terre où elle est au milieu de nuages — pour la porter *en haut* où l'air est plus pur — où l'action de Dieu est plus active et moins entravée. [1]

Ce mot *élever* a été trouvé si beau, si grand, si vrai, que nous lui avons sacrifié le mot *écolier*.

L'*écolier* est celui qu'on *enseigne* et qu'on *instruit*.

[1]. Les expressions *bien ou mal élevées* appliquées à des enfants, ne sont pas exactes.

Élever une âme, c'est la monter vers l'infinie grandeur, l'infinie beauté, vers la vertu, vers Dieu.

Or, un enfant qui a grandi sans Dieu n'est pas *mal élevé*. — Il *n'est pas élevé*...

Et comme l'a si bien dit un universitaire : *La science ne se propose pas de nous rendre meilleur, elle n'a d'autre intention que d'accroître nos connaissances.*

Seule, l'éducation *élève*.

L'*élève* est celui qu'on transforme, qu'on grandit — qu'on *tire* et qu'on *fait sortir* de sa petitesse et de son obscurité — c'est le sens du mot *éducation* (*educere*).

Le grec avait peut-être un mot plus heureux pour exprimer l'*éducation*, il disait : *J'enfante* (παιδεω) — c'était l'enfantement à la vie intellectuelle et morale.

La devise de tout éducateur, de tout *éleveur d'âmes*, est le mot : *Excelsior, plus haut :*

Plus haut que la science : La *vertu* ;
Plus haut que l'honnêteté : La *sainteté* ;
Plus haut que les honneurs : Le *ciel* ;
Plus haut que le don des biens qu'on possède : Le *don de soi* ;
Plus haut que les combats pour la vérité : Le *martyre*.

Il la comprenait cette devise, ce savant, aussi modeste qu'illustre, *Pasteur*, quand il disait :

« Je voudrais que tout professeur se dise avec recueillement, en franchissant le seuil de sa classe : *Comment éleverai-je aujourd'hui plus haut qu'hier, le cœur et l'esprit de mes élèves ?* »

Vous la comprendrez, vous aussi à qui nous adressons ces pages — guides et auxiliaires de votre belle mission *d'éducatrice*.

Il la comprenait, celui qui disait : Nous voulons
que les jeunes filles, devenues épouses et mères,
portent dans leur ménage des principes de paix et
d'harmonie.

Nous voulons qu'elles soient préparées pour *vivre*
dans la famille avec des croyances qui les rendront
capables de tous les dévouements et de tous les
sacrifices; vivre avec le Dieu qui sera toujours
leur force, souvent leur consolation, et qui fera
d'elles sur la terre des anges de bonté, de douceur,
de sollicitude — et quelquefois de patience, de
résignation et d'héroïsme.

L'âme n'est pas *un vase* qu'il faut remplir; c'est *un
foyer* qu'il faut *échauffer* pour qu'il échauffe à
son tour.

II

Moyens pour réaliser le but de l'éducation.

L'éducatrice doit s'appliquer :

1° *A détruire, à diminuer au moins les défauts —*
c'est-à-dire les mauvais penchants qui naissent dans
l'âme et le cœur d'un enfant, comme naissent les
mauvaises plantes dans un terrain abandonné.

Ces penchants portent l'enfant à désirer et à chercher ce qui flatte ses instincts, et petit à petit l'entraînent à des actes qui compromettent sa dignité, son honneur, son perfectionnement et l'empêchent d'accomplir son devoir.

2° A faire naître dans l'âme et le cœur de l'enfant, et à *cultiver les vertus* — c'est-à-dire les *penchants* bons, généreux, utiles, qui lui font produire des actes bons, généreux, utiles, et qui affaiblissent et détruisent même les penchants mauvais.

Ces actes sont appelés *vertus*, parce qu'ils exigent une certaine force pour diminuer l'entraînement des penchants mauvais et produire les actes qui leur sont opposés.

3° *A fortifier la volonté de l'enfant* — cette faculté de l'âme qui lui donne la puissance de combattre les mauvais penchants, et d'acquérir et de pratiquer les vertus.

4° *A préparer la vocation de l'enfant* — c'est-à-dire, la rendre capable de remplir la mission que, plus tard, le bon Dieu lui donnera. — Il y a sans doute pour chaque âme, une vocation qui ne se montre que plus tard — mais il y a aussi une *formation d'âme* qui la prépare, dès l'enfance — à ce que Dieu lui demandera...

5° *A affermir la piété de l'enfant* — c'est-à-dire, à établir entre son âme et Dieu, des rapports de soumission et d'intimité qui la rendent :

Eclairée par la lumière de Dieu lui faisant connaître ses devoirs ;

Forte de la force de Dieu, pour accomplir ses devoirs malgré les obstacles ;

Aimable de l'amabilité de Dieu, pour répandre autour d'elle la paix, la joie, la consolation et le bon exemple.

I

DÉTRUIRE, DIMINUER AU MOINS, LES DÉFAUTS : [1]

Un défaut, c'est tout ce qui dépare, enlaidit, affaiblit ;

Tout ce qui rend incomplet, empêche d'être utile ;

Tout ce qui est désagréable, pénible à supporter — quelquefois nuisible ;

1. Nous croyons utile — dès ces premières pages, — de recommander aux maîtresses le volume intitulé : *Vie au Pensionnat*.

Elles trouveront là des détails précieux pour les diriger dans la formation de l'âme, de l'esprit et du cœur de la jeune fille.

Ce livre, au jugement de plusieurs personnes expérimentées, est aussi utile, plus utile peut-être, aux maîtresses qu'aux élèves.

(AUBANEL FRÈRES, éditeurs).

Tout ce qui en général empêche une créature d'être ce qu'elle devait être. — Un *défaut*, c'est ce *qu'il ne faut pas...*

Un défaut n'est pas une *simple tache* ou une *difformité* auxquelles on s'accoutume.

Un défaut est comme un *être vivant* qui grandit, qui se propage... qui peut devenir *vice*. — Plante vivante et malfaisante, elle *grandit* toujours ; elle a besoin d'être émondée fréquemment, jusqu'à ce qu'elle soit déracinée.

Il y a des défauts de *corps*, de *caractère*, *d'esprit*, de *cœur*, de *volonté*. — L'éducation s'occupe spécialement des défauts du caractère, de l'esprit, de la volonté et du cœur.

Nous nous bornerons ici à signaler les deux principaux défauts de l'enfant, qui se manifestent dès les premiers jours, — qui sont le germe d'une foule d'autres — et qu'il faut s'attacher à détruire.

Premier défaut à combattre :

L'Egoïsme.

L'égoïsme est la tendance chez l'enfant à rapporter tout à lui.

1° L'égoïsme est inné et se trouve plus ou moins chez tous les enfants.

L'enfant veut tout ce qui lui plaît.

L'enfant veut avoir *tout seul* tout ce qui lui plaît.

L'enfant veut avoir *tout de suite* tout ce qui lui plaît.

L'enfant se met peu en peine de déranger, de contrarier, de faire souffrir pour avoir ce qui lui plaît.

L'enfant crie et se dépite, s'il n'a pas ce qui lui plaît, sans se mettre en peine si on peut le lui procurer.

L'enfant croit que tout le monde est à son service — n'a qu'à penser à lui — à s'occuper de lui — à travailler pour lui. — Et poussé par *un instinct* dont il ne se rend pas compte, il cherche à se procurer tout ce qui lui plaît. — De là, le *mensonge*, le *vol*...

L'enfant n'a, ce semble, qu'un mot à son service : *Je veux cela, moi — je ne ferai pas cela, moi — cela m'ennuie, moi*.

2° L'égoïsme est alimenté :

Par la complaisance des parents qui, pour ne pas contrarier leurs enfants, se prêtent à tous leurs caprices ;

Par la faiblesse des parents, qui ne savent pas résister à un caprice — à un besoin factice — à une superfluité qui n'a rien d'utile; l'exigence des enfants augmente avec la complaisance aveugle des parents;

Par l'impatience des parents, qui s'imaginent apaiser les désirs de leur enfant, en leur accordant tout ce qu'il demande : — un désir assouvi excite toujours un autre désir — et ce nouveau désir est exigé plus impérieusement ;

Par l'admiration exagérée des premiers succès de l'enfant, qu'on présente comme de petits prodiges d'*amabilité*, — vantant chacune de leurs paroles, de leurs impertinences et de leurs malices.

3° L'égoïsme a pour résultat chez l'enfant ;

Le *despotisme* qui exige avec empire — qui croit que tout lui est dû ;

Le *manque de respect* pour les parents qui ont habitué l'enfant à tout exiger; l'enfant égoïste,

      demande impérieusement,

      répond impertinemment,

      se conduit grossièrement ;

La *sécheresse de cœur* qui ne sait jamais se priver, pour faire plaisir ou pour être utile, — et qui n'aura jamais la pensée *d'un sacrifice*, pour consoler ou pour soulager ;

La *coquetterie*, c'est-à-dire, le *désir d'être remarqué*, — de *paraître plus que les autres* : d'abord,

par *sa toilette plus brillante, plus riche,* plus en vue
que celle des autres ;

> puis par sa *manière* de se tenir, de marcher, de
> parler ;

> quelquefois même, par sa *dissipation affectée;*
Le culte *du moi* n'a pas de limite...

L'*affaiblissement de la volonté,* qui, accoutumée à
ne rien se refuser, ni à se voir rien refuser, —
devient incapable du moindre effort, *pour supporter*
une peine, une contrariété, une gêne — et se laisse
aller à tout ce qui est, pour elle, *occasion de
jouissance,* — *gourmandise,* — *tenue molle et
sensuelle...*

4° L'égoïsme se corrige, dès les premiers jours,
par l'*habitude de la vertu,* — c'est-à-dire, par l'*obligation imposée des petits renoncements,* — obligation
de tous les jours, quelquefois de toutes les heures.

Il faut forcer l'enfant à s'imposer *des sacrifices,*
insignifiants d'abord, mais qui, fréquemment répétés,
finissent par détruire la tendance *à tout avoir, à tout
garder,* à se *procurer tout ce qui fait envie, à exiger
impérieusement* tout ce qu'il désire : lui demander, —
pour faire plaisir à sa mère et au bon Dieu, — de se
priver *d'une friandise,* de ne *pas exiger,* mais *de
demander;* de se passer d'une parure un peu trop
voyante ;

Forcer l'enfant *à attendre* pendant quelques minutes ce qu'il demande ou trop impérieusement ou avec trop d'ardeur, — c'est une *sortie,* c'est même une chose nécessaire, mais qui n'est pas urgente ;

L'engager à être généreux, à donner aux pauvres ce qu'on lui a *donné pour lui,* — à prêter volontiers à ses amis, — à partager ce qu'il a reçu, — à voir de près ceux qui souffrent et à lui montrer comment on les soulage... et combien on est heureux de se priver, pour être utile, *de tout acte d'égoïsme...*

L'égoïsme se corrige aussi :

Par la *lecture* et le récit de traits de dévouement, — d'oubli de soi, — d'héroïsme, montrant ce qu'il y a de beau, de grand, de méritoire dans un renoncement et dans un sacrifice généreux.

5° L'égoïsme est le penchant qu'il faut combattre à tout prix — et combattre tous les jours ;

L'égoïsme est ce qu'il y a de plus opposé à la destinée de la jeune fille, qui ne doit vivre que de dévouement, de générosité, de sacrifices.

Deuxième défaut à combattre :

Le manque de droiture ou la dissimulation.

La dissimulation est un penchant qui porte à prendre des détours :

1° *Pour dire ce qu'on pense quand il faudrait le dire,* — parce qu'on comprend que ce n'est pas avouable et qu'on serait humilié, — alors on ment. — L'art de réussir dans le monde est, dit-on, l'art de dissimuler : c'est hideux.

2° *Pour exprimer ce qu'on désire* et qu'on sait devoir être refusé, — on dit une partie seulement de ce qu'on désire — ou on invente des besoins factices pour l'avoir.

3° *Pour ne pas avouer ce qu'on a fait,* — parce que c'est humiliant ou coupable — et on va quelquefois jusqu'à laisser soupçonner un innocent et même jusqu'à le calomnier...

La dissimulation a pour effet de produire ce qu'il y a de plus vil, même au point de vue humain :

Le mensonge dans les paroles,
La fourberie dans la conduite,
L'hypocrisie dans les actions.

Elle n'en vient pas là avec réflexion, mais elle y entraîne petit à petit en habituant à n'aller jamais *droit,* — c'est la manière du serpent qui ne marche qu'en ondulant.

Les jeunes filles, ont une tendance particulière à la dissimulation, à se cacher pour avoir l'air de savoir ce que d'autres ne savent pas; tendance à se communiquer mystérieusement *des niaiseries :* ce qui a fait inventer le mot de cachotterie. — Elles ont toujours de petits *secrets* à se dire.

La dissimulation a pour cause :

1° La crainte d'être grondée ou de n'être plus aimée après une sottise. — Puérilité ; une faute simplement avouée est toujours *à demi* pardonnée...

2° La timidité de caractère qui n'ose pas aller ouvertement — uniquement parce *qu'on n'ose pas,* — conséquence d'un tempérament qui ne peut être modifié que par la *piété,* la *confiance* en Dieu et la conviction qu'on est aimé et qu'on le sera toujours...

3° La légèreté de caractère qui dit *oui* ou *non* sans réflexion, — et qui n'a pas le courage de dire : *Je me suis trompée.* Qui donc ne se trompe pas ?

4° La vanité qui ne veut pas être trouvée en faute... Quel est donc l'esprit tant soi peu élevé qui ne comprenne la grandeur de cette parole : *Je veux mieux faire — je puis mieux faire — je ferai mieux ?*

Le démon est le *père de la dissimulation.* — Celui qui ne ment jamais est à peu près sûr d'atteindre une certaine perfection. — Il pourra ne pas être *un génie :* il sera toujours un être utile, aimé et estimé...

II

CONSÉQUENCES DE L'ÉGOÏSME ET DE LA DISSIMULATION.

Ces deux penchants qui dessèchent le cœur et affaiblissent la volonté — s'ils ne sont vigoureusement réprimés dès l'enfance — laissent germer

et grandir d'autres penchants, qui se changent vite
en défauts...

Ces penchants légers, d'abord, et n'ayant rien qui
effraient, sont :

Les petites *vanités* — les petites *sensualités*,

Les petites *avarices* — les petites *prodigalités*,

Les petites *méchancetés* — les petites *tromperies*,

Les petites *susceptibilités* — les petites *bouderies*.

Une maîtresse expérimentée voit vite comment
une âme d'enfant perd sa candeur, son amabilité,
son innocence...

1. Elle comprend que le *penchant de la vanité*
porte une enfant :

    à paraître plus que les autres,

    à dominer en tout toutes les autres,

    à jalouser toutes les autres,

    à s'attrister du succès des autres,

    à dédaigner celles qui *paraissent moins* que les
        autres,

    celles qui ont moins d'agréments extérieurs,

    celles qui sont moins élégamment vêtues,

    celles qui ont moins de mémoire,

    celles dont les parents ont des vêtements plus
        simples,

    à prodiguer son argent pour avoir ce que n'ont
        pas les autres,

    à accuser ou laisser accuser les autres.

2. Elle comprend que le penchant à la sensualité porte un enfant :

> à s'accorder tout ce qui flatte les sens, amuse l'esprit, exalte l'imagination ;
>
> à ne pas souffrir la moindre gêne, ni la moindre contrainte ;
>
> à se plaindre à peu près de tout ;
>
> à être maussade et boudeuse, quand elle ne peut se satisfaire ou qu'elle doit obéir ;
>
> à se désoler à la moindre fatigue ;
>
> à laisser les autres dans la peine, dès qu'elle devrait se gêner pour les secourir ;
>
> à se *tenir* avec nonchalance ;
>
> à laisser en désordre les vêtements qu'on a quittés.

Oh ! le manque d'ordre ! Oh ! l'habitude de jeter par terre ou dans un coin, ce dont on ne se sert plus... au *dortoir* — en *classe*. L'habitude de ne pas tenir note de son linge, de ses dépenses... comme c'est triste !

3. Elle comprend aussi que, en dehors des défauts qui nuisent à l'âme, il y a chez l'enfant des *faiblesses* qu'il faut chercher à faire disparaître — effets du tempérament.

> L'enfant s'effraie de tout.
>
> L'enfant pleure à la moindre émotion.
>
> L'enfant se lasse vite de tout.
>
> L'enfant semble se plaire à détruire tout.

Comme une éducatrice a besoin de vigilance, de savoir-faire — de précautions — de constance — de dévouement !...

Laissez-nous, en finissant, vous donner un conseil dont le bon Dieu vous fera comprendre l'importance *à vous* plutôt qu'*aux mères*.

Ce serait une *utile science* pour une enfant que celle de lui *apprendre à savoir souffrir*. — Cette science n'est-elle pas la grande réalité de la vie ?

Certes, nous ne dirons jamais : *Faites souffrir une enfant*, mais *apprenez-lui à souffrir* une contrariété, une privation, un accident, un malheur...

On ne peut être *heureux*, si on ne possède pas cette science ; on ne peut pas être *saint* surtout...

« Je connais une école, dit le *Semeur Vendéen*, où les enfants rivalisent à qui offrira à la fin de la journée *le plus de sacrifices au bon Dieu*. — Autant de sacrifices, autant de bons points qu'ils marquent sur une petite feuille et qu'ils présentent au bon Dieu, le soir, pour qu'il les reporte sur son grand registre.

Petits moyens, pensez-vous, — *grands moyens* au contraire, puisqu'ils tournent l'esprit et le cœur des enfants vers le divin Crucifié — puisqu'ils les initient de bonne heure à la vraie notion de la vie — puisqu'ils leur font l'apprentissage de vertus, sans lesquelles on n'est ni homme ni chrétien.

... Les *petits actes* ne passent pas : Ils s'implantent dans l'âme sous forme d'*habitudes*. Et l'habitude, la bonne habitude, l'habitude du sacrifice, *c'est la vertu* — la vertu qui se développe, la vertu qui fait les hommes, les chrétiens et, à l'occasion, *les héros et les martyrs.* »

III

Cultiver les vertus.

Le mot cultiver indique qu'il faut faire pour l'âme d'une enfant, ce qu'on fait pour une terre qu'on veut rendre féconde.

Pour qu'une terre produise, il faut :

1º La défricher, c'est-à-dire enlever les mauvaises herbes et les pierres qui l'encombraient.

C'est la correction des défauts dont nous venons de parler.

Les défauts comme les mauvaises herbes repoussent toujours plus ou moins. Il faut toujours, pour ne pas les laisser envahir, la même vigilance et la même assiduité.

2º La préparer, en lui donnant :

L'*eau* qui rend la terre facile à être pénétrée ;

La *chaleur* qui augmente sa vigueur ;

L'*engrais* qui active sa fécondité.

3° L'ensemencer — jetant en elle de sgraines en rapport avec la récolte qu'on désire. De là deux chapitres :

1ᵉʳ Préparation de l'âme ;

2ᵉ Ensemencement de l'âme.

Vous comprenez, vous qui, par votre vocation, avez des lumières plus divines, ce qu'est, dans une enfant, son *âme immortelle*. Cette âme, *Dieu* la regarde avec amour ; cette âme, les *anges* la saluent comme une sœur.

Il faut la chercher, cette âme, dans ces petits membres où elle est répandue et d'où elle se manifeste...

Ces membres, il faut les soigner, les respecter — ils sont comme *un temple* où Dieu a déposé sa créature aimée.

I

PRÉPARATION DE L'AME.

L'âme se prépare :

1° par la prière.

La prière ouvre l'âme devant Dieu, appelle Dieu. — Et Dieu descend dans l'âme. — Or Dieu dans une âme, c'est le bien, — c'est le beau, — c'est la justice, — c'est le vrai, — c'est le dévouement.

La prière éclaire l'âme. Celui qui prie voit mieux ce qu'il a à faire, même dans les choses temporelles.

La prière arrête et calme la précipitation et favorise la réflexion.

La prière est la sauvegarde de l'ordre et de la joie intérieure. — Elle ramène au devoir et le fait aimer...

Parmi les prières *à faire aimer* par les enfants, même par les plus petits, nous indiquerons seulement :

La *visite au S. Sacrement* — visite courte — visite de tous les jours — pendant laquelle l'enfant dira : *Mon Dieu, je vous aime de tout mon cœur, de toute mon âme, de toutes mes forces et plus que tout — je vous aime pour ceux qui ne vous aiment pas.*

Le *Je vous salue Marie* — une dizaine de chapelet à faire entrer dans les habitudes journalières, pour qu'elle se conserve toute la vie.

L'invocation au bon ange gardien à qui Dieu a confié chacune de ces chères âmes d'enfant.

L'âme se prépare :

2° Par les sacrements.

Les sacrements conservent ou ramènent la présence de Dieu dans l'âme.

Les sacrements augmentent en quelque sorte la puissance de Dieu dans l'âme.

Les sacrements semblent tirer de Dieu des trésors destinés à enrichir l'âme.

Les sacrements sont une force pour l'âme.

L'âme pourra faire des chutes : elles ne seront pas profondes, et leurs conséquences ne seront pas désastreuses.

L'âme aura des déceptions : elles ne l'accableront pas — Dieu la soutiendra.

L'âme rencontrera des obstacles : elle les surmontera avec plus de vigueur, de savoir-faire, de constance — Dieu l'aidera.

L'âme se prépare :

3° Par l'enseignement religieux :

L'enseignement religieux est la sauvegarde de la prière et des sacrements.

1. Il montre la *nécessité de la prière*, non pas seulement comme un *attrait*, mais comme un *devoir* et un moyen de *garder* Dieu en nous et de savoir ce que Dieu veut de nous.

Il montre la *manière de prier* avec *le cœur*, sans lequel la prière ne serait que routine ou hypocrisie : *savoir ce qu'on dit à Dieu* et *le dire* résolument.

2. L'enseignement religieux donne :

A *l'intelligence*, la lumière divine qui la dirige *vers la vérité*, l'empêche de *s'égarer* pour ce qui est nécessaire et de se *tromper* gravement pour ce qui est utile.

Plus on sait,
Plus on se rapproche de Dieu.   6

Plus on connaît et on comprend son devoir,
Plus on est fort et généreux pour l'accomplir.

A l'*imagination*, l'enseignement religieux donne une puissance et un épanouissement qui lui fait sentir avec plus de vivacité et de charme tout ce qui est beau, non seulement dans l'âme — mais dans la nature et dans les arts.

L'imagination, dans un milieu divin, *voit* avec plus de clarté, *saisit* avec plus de rapidité — est impressionnée avec plus de délicatesse — sait reproduire ce qu'elle voit et ce qu'elle sent avec plus de splendeur et de fidélité.

Au *cœur*, l'enseignement religieux donne la paix, — il donne le dévouement, lui apprenant à faire passer, dans sa conduite privée et dans ses rapports avec les autres, ce qu'il lui apprend de divin — c'est-à-dire de bon, de saint, d'utile, d'agréable.

L'âme se prépare :

4° Par des soins assidus, longs, pénibles, et que seuls peuvent rendre constants l'amour du devoir et l'union à Dieu.

C'est petit à petit que l'enfant pourra comprendre les *motifs* de ce que vous exigez d'elle.

Obligez-la, *doucement* et sans la contraindre, à faire ce qui lui est commandé, parce qu'elle vous fera plaisir — elle fera plaisir à sa maman — elle fera plaisir au bon Dieu.

Montrez-lui ce qu'il y a de bon et de beau dans ce qu'on lui demande.

Essayez d'agir avec elle... Encouragez-la un peu : puis laissez-la agir toute seule.

Montrez-lui votre joie, quand elle a fait *un effort*.

N'oubliez pas que l'enfant sera d'autant plus docile qu'elle vous aimera — et comprendra que réellement elle vous fait plaisir.

Récompensez de temps en temps un acte d'obéissance, *mais pas toujours*... dites à votre enfant que le bon Dieu l'a vue et qu'il marque tout cela au Paradis, pour la récompenser lui-même.

Oh ! si vous parvenez *à assouplir* cette petite volonté, quelle âme forte, généreuse et utile vous formerez!

N'oubliez pas qu'il y a trois périodes dans toute vie :

Obéir — puis *se diriger soi-même* — puis *commander aux autres*.

Celui qui n'a pas su *obéir*, ne saura ni *se diriger* ni *commander*.

II

ENSEMENCEMENT DE L'AME.

1° Nature de cet ensemencement.

C'est l'acte par lequel on fait pénétrer dans une âme — préparée par la prière, par les sacrements et par l'enseignement religieux, — *les vertus* qui forment la base de la vie chrétienne et permettent à cette âme de faire, autour d'elle, tout le bien qu'elle a mission de faire.

Cet ensemencement doit être *délicat*, sans passion, sans exagération...

Il doit se faire lentement, mais continuellement.

La graine jetée en terre ne sort pas tout de suite... C'est après un certain temps qu'elle montre une *tige* bien frêle. — C'est insensiblement que cette tige grandit, devient une plante, fleurit, porte des fruits.

N'attendons pas que l'enfant soit assis sur les bancs de l'école ou du catéchisme, pour nous occuper de sa *formation morale* et *religieuse*, dont nous parlerons plus tard.

Enseignons-lui le *bien*, le *vrai*, la *vertu* par toutes sortes de moyens.

Ces moyens, la mère chrétienne et l'éducatrice chrétienne les trouvent dans leur âme...

Ce ne sont pas les livres, qui leur apprendront à enseigner à un enfant comment on est *bon, juste, pieux, soumis*, — c'est le bon Dieu, c'est leur cœur.

2° Vertus à ensemencer dans l'âme.

Nous indiquons seulement quelques unes des vertus à ensemencer dans l'âme des enfants.

Ensemencer, c'est jeter dans l'âme des enfants quelques paroles indiquant *ce que cet enfant doit faire* — pour l'aider à faire ce qui lui est commandé.

Contentons-nous, aux premières années, de faire produire de petits actes d'*obéissance,* de *respect,* d'*ordre...* plus tard, nous montrerons comment ces actes deviennent *grands, héroïques,* forment des *vertus.*

Il s'agit pour les enfants de prendre de *bonnes habitudes de vertus...* et les vertus seront peu à peu pratiquées.

Faites d'abord, avec les enfants, ce que vous leur commandez — leur indiquant, par là, comment il faut agir. — *Demandez-leur* ensuite de le faire toutes seules. — Elles apprendront à *être vertueuses,* commes elles ont appris à *parler,* à *lire,* à *coudre,* à *marcher...*

Voici — au point de vue pratique — les principales vertus qu'il faut *ensemencer* dans l'âme des enfants — puis les faire mettre en œuvre, petit à petit, dans toutes les circonstances qui se présentent, tous les jours.

Ne soyez pas *trop exigeante* pour la *perfection* de la vertu, mais soyez *constante,* pour l'action vertueuse qui se présente à faire.

Permettez-nous de vous recommander le volume : *Petites Vertus et petits Défauts de la Jeune Fille.*

1. *L'obéissance.*

Obéir, Obéir! ce mot rayonne en quelque sorte de chacune des pierres d'une maison d'éducation.

Obéir, c'est pour l'enfant :

Dire oui à tout ce qui lui est commandé.

Aller partout où on lui dit d'aller.

Faire tout ce qu'on lui commande et comme on le lui commande.

Ne pas faire ce qu'on lui défend.

Tout est là pour un enfant.

Nous venons de le dire : Maîtresse, faites-vous *aimer* pour qu'on vous obéisse.

Ne commandez rien de trop difficile pour qu'on essaie de le faire.

Encouragez, flattez, récompensez, pour qu'on obéisse volontiers.

Reprenez doucement quand on n'a pas bien fait. — Aidez quelquefois à faire, à refaire, à mieux faire ce qui a été fait et laissez-en le petit mérite à l'enfant...

2. *Le respect.*

Ce mot est peu connu de l'enfant, mais faites-lui comprendre *en action* tout ce qu'il veut dire.

Respect dans *sa tenue,* qui doit être plus posée à l'église, que partout ailleurs;

Qui ne doit pas être familière avec ses maîtresses, comme avec ses compagnes;

Qui ne doit jamais être ni lâche ni nonchalante, même dans ses jeux.

Apprenez-lui à être *à son aise* avec tout le monde — à n'avoir peur de personne — à rester simple et sans affectation.

Apprenez-lui ces mille détails de la politesse et du savoir-vivre, qui ne la rende ni guindée ni pédante, mais aimable, facile à vivre, se prêtant à tout...

Qu'elle soit toujours polie dans ses réponses, dans sa manière de se présenter...

Vous trouverez d'excellents petits livres qui vous indiqueront une foule de détails de politesse — indiquant aux enfants ce *qu'il faut faire,* ce *qu'il ne faut pas faire...* dans toutes les circonstances et les actions matérielles de la journée.

3. *Le renoncement.*

Mot bien incompris par les enfants et qui les révolte dès qu'on le leur explique — ne le prononcez pas, mais *mettez-le en œuvre.*

Ne laissez pas un enfant se livrer avec trop d'ardeur à ce qui lui plaît et l'entraîne.

Apprenez-lui à ne pas exiger *tout de suite* ce qu'il demande,

   à ne pas se révolter contre un refus,

   à se priver de quelque chose, pour le donner ou le prêter aux autres,

   à savoir attendre sans impatience trop marquée ce qu'on ne peut lui donner sur-le-champ...

Montrez-lui la laideur de ce qu'on appelle *un caprice*...

Et, peu à peu, faites-lui comprendre ce qu'il y a de beau, de grand, de saint, dans ce qu'on appelle *un sacrifice*.

4. *L'ordre.*

Grande surveillance — et même grande exigence pour l'ordre, qui met chaque chose à sa place et qui fait *tout* en son temps.

Par l'habitude de l'ordre :

   les choses matérielles se retrouvent plus facilement quand on en a besoin — et elles se conservent plus longtemps.

Par l'habitude de l'ordre, qui fait ce qui est commandé *comme* on l'a commandé et dès qu'on la commandé :

Le temps est utilement employé,

Les heures de récréation soit plus douces,

La vie toute entière est plus joyeuse, et le succès dans le travail est toujours assuré.

L'ordre et l'obéissance rendent une enfant très aimable et très aimée.

L'ordre doit se trouver partout et donne à tout un véritable attrait : ordre *sur soi*, dans les vêtements — ordre *autour de soi*, dans tout ce qui est à notre usage.

5. *La droiture et la franchise,*

qui se montrent :
  dans le regard,
  dans les manières,
  dans les paroles — disant toujours ce qu'on sait
    comme on le sait, ne mentant jamais ;
qui portent à agir simplement :
  pour demander ce qu'on désire,
  pour avouer une faute, un oubli,
  pour recevoir un reproche sans se récrier ;
qui ouvrent l'âme et le cœur :
  à l'amitié,
  à l'estime de tous.

Montrez à une enfant ce qu'il y a de beau et de grand — à faire simplement, mais résolument l'*aveu d'une faute* qu'on *pourrait cacher.*

C'est le cas de lui redire cette parole : *Faute avouée est à demi pardonnée...*

Nous avons vu des enfants demander elles-mêmes une *punition*, alors qu'on voulait les pardonner complètement.

6. *La condescendance et la bonté,*

qui consistent :

à se prêter à tout ce qui peut être utile ou même faire plaisir aux autres dès qu'on le peut, sans manquer à un devoir,

à supporter les autres et à leur pardonner facilement.

à aller au-devant de leurs peines et leur procurer, chaque fois qu'on le peut, un soulagement ou une joie.

7. *La justice et la probité,*

qui respectent le bien des autres, même dans les petites choses :

ne prenant rien sans permission,

n'empruntant rien sans en avoir bien soin et sans le rendre ;

qui respectent la réputation des autres — qui ne racontent jamais ce qui pourrait nuire aux autres...

qui gardent le secret des autres et ne cherchent pas à savoir ce qu'on veut leur cacher, qui ne gardent pas ce qui est trouvé et ne détériorent rien, même de ce qui leur appartient...

8. *La force intérieure,*

qui fait supporter *sans trop se plaindre,* sans exagérer surtout : les petites contrariétés, les petits ennuis, les reproches, les accidents de chaque jour,

qui surmonte la nonchalance, la paresse, et qui fait se mettre au travail commandé, dès que l'heure est venue,

qui résiste aux entraînements de l'exemple, ou des paroles détournant de l'accomplissement d'un devoir,

qui reconnaît simplement et généreusement ses torts et ses oublis,

qui revient avec promptitude et courage au devoir abandonné — et répare volontiers le mal qu'il a fait...

Ces actes — s'ils sont accomplis journellement, et ils peuvent l'être presque *tous* et chaque jour — finissent par donner à la vie une perfection et une amabilité — qui, même au point de vue humain, rendent : *estimé, utile, heureux...*

III

FORTIFIER LA VOLONTÉ.

Nous aurons à parler de la *volonté* dans la seconde partie de ce livre, s'adressant à l'*institutrice*.

Mais nous croyons utile de conseiller à l'éducatrice, la lecture du chapitre de la *Vie au Pensionnat* qui traite de la *formation de la volonté*.

Les deux premières pages lui indiqueront la *puissance de la volonté* et les *effets de la volonté*.

1. La volonté est, en quelque sorte, la puissance de Dieu prêtée à l'homme.

Avec elle, il peut tout ce qui est possible sur la terre, pour son perfectionnement moral et même pour son perfectionnement intellectuel.

L'histoire, à chaque page, nous montre le résultat miraculeux d'une volonté ferme, constante, sagement formée et sagement dirigée.

C'est la volonté qui maintient la *piété* dans l'âme et le *dévouement* dans le cœur.

Seule, elle fait les saints, les grands caractères, les esprits supérieurs...

La volonté — quand elle s'est formée sous la direction divine — agit sur le *corps :* elle le rend plus apte aux travaux intellectuels — elle le rend soumis à l'âme qui, alors, reste ce qu'elle devrait toujours être : *la reine des sens.*

La volonté agit sur la *sensibilité* — affaiblissant ou augmentant les sensations, les désirs et les dirigeant vers ce qui est bien et ce qui est beau.

Elle est enfin, la principale source du mérite ou du démérite.

2. La volonté fait *des âmes fortes.*

Une âme de volonté est celle qui commande aux caprices de l'imagination — aux passions du cœur — aux exigences des sens — aux entraînements de l'exemple — celle qui sait *dire énergiquement : Rien contre le devoir.*

Mais pour en venir là, il faut à l'enfant *une direction* ferme, constante, dévouée — et de son côté à lui, une *soumission affectueuse.*

IV

PRÉPAREZ LA VOCATION.

1° Nous devons *préparer* la vocation des enfants qui nous sont confiés et non pas la *déterminer* par nous-mêmes.

Déterminer la vocation est une chose intime, qui se délibère et se conclut dans le sanctuaire de l'âme entre *Dieu*, la *conscience*, et le *prêtre* qui sert d'intermédiaire à Dieu.

Toute vocation — ou position — qui n'a pas ainsi été délibérée, ne donne ni la paix, ni la sécurité.

2° Il y a deux vocations générales dans la vie — deux états dans lesquels *on entre en passant,* pour entrer ensuite, et pour toujours, dans le repos du Paradis.

Ce sont la vocation *à la vie dans le monde* — ou demeurant et vivant dans sa famille — ou allant fonder une nouvelle famille par le *mariage* — et la vocation à la vie dans le cloître, simplement *vie religieuse.* Deux chemins, sûrs l'un et l'autre...

Nous n'avons pas à parler ici, directement *de la vocation,* à laquelle peut être appelée une jeune fille. Nous l'avons fait dans notre volume : *La jeune fille et l'avenir ;* et les maîtresses liront utilement les chapitres sur *la vocation en général* dans la première partie, et sur *la vie religieuse* dans la deuxième partie.

3° Quelle que soit la vocation à laquelle Dieu appelle une jeune fille, il y a dans toutes les deux des connaissances, et quelques-unes indispensables, sans lesquelles la jeune fille ne sera jamais heureuse et ne remplira pas la mission pour laquelle Dieu l'a créée.

La mission de la jeune fille se résume en un seul mot très simple :

Être utile.

La femme *inutile,* la femme qui ne vit que pour soi, pour briller, pour jouir, pour s'amuser est un véritable fléau

    pour la famille : elle la détruit,

    pour la société : elle la trouble,

    pour elle-même : elle est malheureuse et elle se damne.

On ne dit pas assez aux jeunes filles ce qu'elles sont appelées à devenir et ce qu'elles auront à faire...

On ne leur parle pas assez de la belle et grande mission qu'elles ont à remplir dans la maison paternelle,

    de *leur influence* sur les grands frères et sur les plus jeunes enfants,

    des *joies* qu'elles peuvent apporter dans un *intérieur* triste... assez triste parfois.

L'économie domestique fait bien partie des programmes d'un pensionnat, mais elle est trop superficielle et trop théorique...

Comment faire?

Organisation un *peu difficile* dans une maison d'éducation, mais *possible;* nous ne pouvons ici donner que des vues générales...

Nous allons indiquer comment la femme *doit être utile* — et par là, indiquer aussi comment elle doit être *formée à se rendre utile.*

La femme doit être utile :

Aux âmes.

1. Elle doit :

Leur apprendre à connaître, à servir et à aimer Dieu, — connaissance *théorique, pratique* surtout — servant Dieu, aimant Dieu, obéissant à Dieu elle-même.

Les garder fidèles à Dieu.

Les ramener à Dieu.

Leur faire goûter les douceurs du service de Dieu.

2. Elle apprend ce devoir :

Par l'étude sérieuse de la religion.

Par la conservation en elle de l'esprit de piété qui, seul, encourage, fortifie, relève, éclaire et donne l'intuition d'une foule de choses.

La femme doit être utile :

Aux corps.

1. Elle doit :

Les entretenir dans la santé — les soigner et les soulager dans leurs maladies.

Leur procurer un *certain bien-être,* qui tient à une foule de détails — domaine exclusif de la femme.

2. Elle apprend ce devoir par la connaissance :

des lois et de la pratique de l'économie, de l'ordre, d'une élégante simplicité — de tout ce qui constitue *la science du ménage,*

des principes de l'hygiène,

des travaux que demande la vie matérielle...

La femme ne peut pas tout faire; elle doit tout savoir faire — mettre la main à tout — avoir l'œil sur tout — être en un sens *partout* et savoir tout ce qui se fait.

La Femme doit être utile :
Aux Intelligences.

1. Elle doit :

Savoir donner aux enfants les premières instructions sur Dieu et sur les choses de la vie. — Les premières leçons d'un enfant doivent se prendre sur les genoux de sa mère ou de sa sœur aînée. — Ces leçons ne s'oublient jamais.

Les préparer à recevoir les instructions spéciales de leur position.

Les encourager, les soutenir, les préserver, les prémunir. — La mère chrétienne a un tact particulier pour pénétrer dans l'âme et dans l'intelligence de son enfant.

Les maintenir à un certain degré d'élévation par le récit des grandes et nobles actions — et les éloigner ainsi des pensées basses et des actions sans dignité. — On a pu dire que ceux qui ont fait le plus de bien ont été élevés, préparés au monde par leur mère.

Elle acquiert ce qui lui est nécessaire *par le travail* qu'elle fait au pensionnat, sous la direction de bonnes maîtresses.

Travail de mémoire :

Nous indiquons ici, d'une manière générale, ce qui sera développé et précisé dans la seconde partie de ce livre : *L'institutrice.*

Au pensionnat elle apprend, apprécie, retient des pages *élevées, fortes, gracieuses*, qui restent dans sa mémoire, comme restent dans un salon des *tableaux de maîtres...*

Travail de réflexion :

Au pensionnat, on lui donne journellement une ou plusieurs *pensées* ou *axiomes* à commenter, à juger — des *problèmes* à résoudre — des *faits* à apprécier, et elle forme ainsi son jugement. — Ce travail de réflexion — c'est-à-dire d'application d'esprit fait dans l'âme, — est celui qui se fait dans une terre ensemencée par la chaleur du sol, par la rosée et par le soleil... il féconde.

Travail de composition ou de production :

C'est l'épanouissement de ce qui a été semé — qui se montre en fleur et en fruit.

La Femme doit être utile :

Au caractère.

Elle doit :

Le former à l'image du caractère de l'Enfant Jésus, *doux* et *humble*...

Vertus que tout enfant peut pratiquer et aimer et qui le rendent bon et aimable.

Lui faire aimer la *prière* comme une joie — un plaisir fait à Dieu — une caresse de l'âme, comme la caresse qu'il fait à sa mère.

La prière — c'est-à-dire les rapports aimés avec Dieu, — acclimate dans le caractère la *piété* dont nous parlerons et c'est la piété qui adoucit, calme l'impétuosité des tempéraments et en fait disparaître les aspérités...

La piété rend aimable, pliant, joyeux.

Elle parvient à modifier un caractère :

par le *récit* qu'elle fait tous les jours, ou aux moments où elle le juge plus utile — de *faits* qui frappent l'imagination de l'enfant, l'impressionnent, ont une grande puissance sur lui — *traits* d'enfants sages, pieux, bons, reconnaissants, aimant les pauvres... d'enfants méchants, indociles, ingrats, cruels...

La Femme doit être utile :

Au cœur.

Elle doit :

Le conserver pur — et par conséquent, impressionnable à l'affection — à la bonté — à la reconnaissance.

Le rendre fort, dévoué, prudent, généreux.

Lui apprendre à être bienfaisant, doux, patient — aimant et se plaisant à consoler ceux qui souffrent.

Le former à modérer, à régler sa sensibilité, qui facilement deviendrait exagérée — s'amollirait — et l'entraînerait hors du devoir.

Lui apprendre surtout à s'épanouir dans la famille — à être heureux *chez lui* — où il trouvera tout ce qui peut le rendre heureux.

Elle parvient à cette formation du cœur :

par les marques d'affection, données avec calme plus qu'avec ardeur. — L'affection se montre, sans doute, par d'affectueuses paroles et des caresses, mais surtout par un ensemble de petites attentions qui éloignent la peine...

par la répétition fréquente d'actes de bienfaisance faits sous les yeux de l'enfant et, autant que c'est possible, faits *par l'enfant*, sous la direction de sa mère, par la vue des malheureux et la visite des pauvres malades, auxquels on dit toujours une bonne et fortifiante parole,

par l'habitude des petits sacrifices faits en vue d'être utile aux autres — sacrifice de ses aises — de ses petites économies —· d'une partie de plaisir...

Plus le cœur se renonce pour faire du bien, plus il devient bon.

La Femme doit être utile :

A la volonté.

1. Elle doit :

S'accoutumer à plier sa volonté à la volonté de ceux de qui elle dépend : à leurs enseignements — à leurs ordres — à leurs défenses.

La rendre constante dans le bien et le devoir, malgré l'ennui, le dégoût, l'insuccès.

La rendre forte pour *résister* aux peines physiques ou morales qui l'éloigneraient de Dieu,

aux attraits du plaisir — au désœuvrement.

2. Elle parvient à rendre la volonté forte :

par la pratique constante des petits devoirs journaliers,

par la *reprise* énergique du travail laissé par dégoût, par découragement, par entraînement au plaisir — et de l'ordre interrompu, par la pensée surnaturelle à voir la volonté de Dieu dans ce *travail pénible* — dans les *obstacles* à nos désirs — dans les *peines* qui surviennent inattendues.

Malgré *ces pensées*, la vie a toujours les mêmes inquiétudes et les mêmes affaissements — mais l'âme se sent courageuse... et a toujours la joie d'avoir accompli son devoir.

V

AFFERMIR LA PIÉTÉ.

I

La piété est pour l'âme d'un enfant, pour son cœur, pour son intelligence, pour son être tout entier, ce qu'est, pour ses poumons, *l'air pur* qui entretient sa vie matérielle.

La piété unit notre âme à Dieu, nous donne la vie divine, la fortifie, la fait épanouir en bonnes pensées, en bons désirs, en actes d'obéissance, de fidélité, de dévouement,

La piété qui a son foyer dans l'âme, rayonne sur l'être tout entier. — Elle est :

pour l'esprit, une habitude de *lumières*,

pour la volonté, une habitude de *sacrifices*,

pour la conscience, une habitude de *droiture*.

pour le cœur, une habitude de *dévouement*,

pour l'extérieur même, une habitude de *paix*, de *bonté*, d'*amabilité*.

O vous, à qui Dieu a confié l'âme d'une enfant, *rendez-la pieuse*.

faites-lui connaitre Dieu,

      aimer Dieu,

      servir Dieu,

      vivre sous le regard de Dieu comme elle vit sous le regard de sa mère,

      chercher à contenter Dieu comme elle cherche à contenter sa mère.

Pour *son Dieu* et pour *sa mère*, ce sont les mêmes sentiments qu'éprouve le cœur.

Pour *la mère*, ils sont plus sentis, parce qu'ils impressionnent les sens ; mais *pour Dieu*, ils sont plus forts et plus puissants.

Le mot de *piété* s'applique à nos rapports avec Dieu et avec la famille ; on dit *la piété filiale*.

Il est d'expérience, dit un homme du monde, que quelque éprouvées que soient les *femmes pieuses*, elles sont beaucoup moins à plaindre que les autres. Il existe pour elles *un refuge*, où elles sont toujours sûres de trouver un appui. — Les femmes que *l'idée de Providence* ne soutient pas, tendent les bras dans le vide ; les autres, au contraire, puisent, dans les pensées religieuses, le baume qui calme les agitations, apaise les anxiétés et entr'ouvre ce coin du Ciel où sont toutes les espérances.

II

La piété s'insinue dans une âme :

1° par *la parole pieuse* de tous les jours — de toutes les heures presque, qu'une maîtresse zélée fait entendre sans apprêt et qui laisse dans l'âme d'un enfant quelque chose de divin.

Les mots *le bon Dieu, la sainte Vierge, l'Ange Gardien,* deviennent familiers à un enfant, comme les mots *mon père, ma mère, mon frère, ma sœur.*

2° Par *l'étude du catéchisme* qui doit être faite avec soin, avec précision, avec amour aussi.

Nous n'avons pas à indiquer la manière de présenter la doctrine chrétienne aux petits enfants, et de la faire aimer.

Nous indiquons seulement un livre d'une exquise simplicité : *Le pain des petits,* par l'abbé Dupplessis.

3° Par *la lecture du saint Évangile,* qui pieusement et affectueusement faite, peut laisser de si douces impressions.

L'Évangile a des *images* qui ravissent — des *histoires* qui captivent — des *conseils* qui s'insinuent fortement et suavement — des *reproches* qui pénètrent sans blesser — des *leçons* qui se gravent profondément. — Il a surtout une *grâce* pour faire comprendre les choses de Dieu.

Oh! que de bien peut faire à une âme d'enfant une page du saint Evangile, lue par une maîtresse pieuse!

4° Par le *récit* des faits de l'Ancien Testament — de l'histoire de l'Eglise, de la vie des saints...

5° Et à mesure que l'intelligence de l'enfant se développe, la piété s'insinue, plus profondément se grave et *fait partie* de la vie : par des *conférences raisonnées* et *apologétiques* qui doivent être faites chaque semaine.

La piété — qui n'est tout d'abord qu'un sentiment, s'affaiblit vite sous l'impression des choses matérielles — et quand la jeune fille, qui n'aime Dieu que par sensibilité, n'éprouve plus la douceur qui la charmait, elle laisse Dieu, elle laisse ses prières, elle laisse ses devoirs.

Il est donc nécessaire *d'affermir* dans son intelligence et dans sa volonté la piété de ses premières années.

Oui, *la piété est utile à tout*, dit saint Paul, mais l'apôtre ne dit pas qu'elle *suffit à tout*.

On vous a vanté *la foi du charbonnier*, cette foi qui accepte tout sans autre preuve que l'autorité du prêtre qui l'enseigne, de l'évêque qui enseigne le prêtre, du pape enfin qui enseigne l'évêque, foi admirable qui dans la simplicité du charbonnier est, sans qu'il s'en rende compte, fondée sur ce qu'il y a de plus rationnel.

Elle est certes excellente pour le charbonnier, dit Mgr Dadolle, mais les enfants qui vous sont confiés ont d'autres devoirs, des devoirs envers Dieu, que n'honore guère une piété sans doctrine — elles devront plus tard *rendre raison de leur foi* — *l'honorer* par de fortes vertus que ne remplacent par les pratiques d'une dévotion inconsciente — souvent *la défendre,* — et toujours *la faire rayonner* sur leur famille et sur la société.

Vous devez donc les rendre capables de *répondre,* comme le demandait saint Pierre aux premiers chrétiens, *à ceux qui leur demanderont raison de leurs espérances.*

« En présence des erreurs modernes, a écrit Léon XIII, nous jugeons très utile et très conforme aux besoins de nos temps, que *chacun* dans la mesure de ses moyens, fasse une étude approfondie de la *doctrine chrétienne...* et soit ainsi armé contre les sophismes des incrédules. »

La *doctrine chrétienne* est, dit Mgr Dupanloup, en harmonie profonde avec toutes les nobles puissances et toutes les grandes facultés de l'âme humaine.

Elle est :

Lumière d'intelligence pour l'esprit,

Flamme de vie pour le cœur,

Puissance encourageante et redoutable pour la
conscience,

Loi immuable pour les mœurs,

Autorité douce et ferme pour le caractère,

Grâce et secours pour la vertu.

Qui ne comprend tout ce qu'elle peut pour le
développement des facultés?

Voilà bien clairement exposé *le but de l'éducation*
et les moyens à prendre pour le réaliser :

*Détruire, diminuer au moins les défauts des
enfants,*

Ensemencer de vertus leur âme,

Fortifier leur volonté,

Préparer leur vocation,

Affermir leur piété,

Et faire ainsi de chacune des enfants que Dieu
vous a confiées, des *chrétiennes* d'abord, puis des
apôtres.

La tâche est grande; elle est glorieuse; elle est difficile aussi et exige un dévouement de toutes les heures.

Offrez-vous à Dieu; et priez-le de vous faire comprendre et accepter généreusement ce que demande votre *formation*.

CHAPITRE PREMIER

Qualités d'une bonne Éducatrice.

UNE bonne éducatrice doit posséder :
    1° Un grand bon sens.
    2° Un puissant amour du bien pour les enfants.
    3° Un bon caractère.
    4° Une science suffisante et même supérieure à l'enseignement qu'elle donne.

Mais, disons-le, dès les premières pages, il faut que ces qualités soient en quelque sorte :
    Alimentées par un cœur de mère.
  Or, un cœur de mère est un cœur,
    qui rayonne l'amour,
    qui imprègne tout de son amour,
    qui a la puissance et le savoir de faire comprendre son amour.

Nous aurons à en parler plusieurs fois, c'est si important.

Mais l'amour de l'*éducatrice* n'est pas celui de la *mère*.

Il est avant tout, plus que tout, *surnaturel,* et va directement à l'âme de l'enfant.

Cet amour est *impartial*.

Il ne distingue pas l'enfant pauvre de l'enfant riche — la jeune fille savante, de l'ignorante — l'être aimable, gracieux, caressant, de l'être timide et peu attrayant.

A tous, il se donne, parce que *tous* lui ont été confiés par Jésus-Christ.

Cet amour est *fort,* il résiste à l'ingratitude, à l'entêtement, à l'indiscipline — certes il souffre, mais il ne se lasse pas — il recommence toujours les mêmes soins avec la même patience. Et quand il lui semble qu'elle n'en peut plus, elle va reprendre force et courage auprès du bon Dieu... Oh! le tabernacle la voit souvent à genoux, cette pauvre mère des âmes!

Cet amour est *ingénieux* — il essaie toujours quelque moyen nouveau pour s'attirer les enfants et les mener ainsi à Dieu.

Cet amour est *généreux* — il aime à se donner et à se sacrifier.

Cet amour est *saint* surtout. Il cherche le bien des enfants, mais ne les gâte pas par la flatterie.

Cette maîtresse, que les enfants appellent souvent mère, *n'impose pas* le travail, mais elle l'indique, le commence avec les enfants, le leur rend agréable et le fait aimer.

Elle se mêle à leurs jeux,

Elle sourit à tous,

Elle les caresse aussi, mais avec quelle bonté, quelle dignité, quelle affection céleste!

Elle punit les fautes, certes, mais après avoir épuisé tous les moyens de douceur; et son regard sait toujours discerner la fragilité de la malice...

Écoutez, avant de commencer l'énumération de vos devoirs, ces paroles adressées par un prêtre à des maîtresses pour qui il écrivait, comme j'écris moi-même :

« Si vous ne sentez pas en vous l'amour des enfants et des âmes. — Si les sacrifices vous coûtent, *retirez-vous;* vous n'êtes point appelée au ministère de l'éducation.

Si vous éprouvez *un attrait divin* pour l'enfance, — si le *zèle des âmes* fait battre votre cœur, — si le *désir de vous sacrifier* vous transporte : *Dieu vous appelle. Allez, enseignez.*

C'est au dévouement et à l'esprit de sacrifice que le Ciel donne la bénédiction et la puissance. »

ARTICLE PREMIER

Première qualité d'une bonne Éducatrice.

Un grand bon sens.

I

NATURE DU BON SENS.

Le bon sens est une qualité naturelle, une sorte de tact, d'à-propos, de goût, qui fait *discerner*, comme par instinct :

ce qui est *vrai* d'avec ce qui est *faux*,
ce qui est *bien* d'avec ce qui est *mal*,
ce qui est *utile* d'avec ce qui est *nuisible*.

C'est la faculté de deviner ce qu'il faut faire dans un moment pressant.

Le bon sens — a-t-on dit — est le nom vulgaire du *jugement droit, juste et sûr*, s'appliquant à la conduite de la vie — c'est la *prudence en action*.

II

NÉCESSITÉ GÉNÉRALE DU BON SENS.

Le bon sens est le plus nécessaire de tous les dons naturels. — Il est préférable à la fortune — à la science — à l'esprit. — C'est le premier moyen de succès en toutes choses.

Avec le bon sens, — quand surtout il a été, non pas complété, mais aidé et plus éclairé par une instruction solide, l'homme se rend capable de presque toutes les fonctions — et il réussit partout.

On voit souvent, dit Paul Janet, des esprits brillants, faciles, échouer dans tout ce qu'ils entreprennent, faute d'*un grain de bon sens*.

Ils *ne font jamais* ce qu'il faut faire.

Ils ne voient pas ce qu'ils devraient voir.

Ils *grossissent* ou *atténuent* les choses à leur gré — *manquent* les plus faciles — attaquent les difficultés sans les avoir prévues — et se trompent toujours ne croyant jamais se tromper.

La vertu ne suffit pas pour la direction même d'une simple école. La sainteté ne peut suppléer à l'esprit de *prudence*, de *discernement*, de *réflexion*, qui sont les rayonnements naturels du bon sens — pour former une âme d'enfant.

Sans doute, le bon sens ne rend pas impeccable, — mais ce qui est certain, c'est que, avec du bon sens :

On se trompera plus rarement et on se trompera moins grossièrement.

III

EFFETS PRATIQUES DU BON SENS CHEZ UNE ÉDUCATRICE.

Le bon sens — pour une éducatrice, — vaut mieux que la science. — Certes, la science lui est nécessaire, nous le dirons, mais le bon sens uni à une science ordinaire, peut suffire bien souvent à une bonne direction de la vie, à son utilité et même à son agrément — et empêcher souvent bien des fautes.

La science est une lampe qui éclaire la route; le bon sens la place où doit passer le voyageur.

La science est un foyer qui rayonne et qui chauffe; le bon sens est en quelque sorte le *grillage* qui empêche le rayonnement du foyer d'éblouir et sa chaleur de brûler.

Voici pratiquement quelques effets du bon sens, dans la manière d'agir d'une éducatrice :

1. Le bon sens empêche d'*agir* trop vite — de *vouloir* trop absolument — d'*exiger* trop impérieusement.

2. Le bon sens rend : *simple* pour commander — *docile* pour écouter — *persévérant* pour essayer.

3. Le bon sens sait utiliser les facultés de chaque enfant — distribuer la science selon l'âge — adapter

à chaque enfant une manière d'agir, d'après son tempérament, son caractère — lui donner des conseils en vue de son avenir.

4. Le bon sens sait concilier l'esprit de justice avec les récompenses ou les punitions — tout en ne blessant personne. — Il y a une règle générale pour tous, mais on ne doit pas l'appliquer à tous, avec la même rigueur. — Le bon sens donne le tact nécessaire.

5. Le bon sens sait tirer partie de toutes les circonstances prévues ou volontairement amenées — pour le *bien* général et le *bien* particulier des enfants.

C'est un événement — c'est un accident — c'est un fait ou triste ou joyeux — qui sert de motif à *une leçon...*

C'est une visite — une promenade qui n'est pas seulement une simple récréation, mais pendant laquelle on apprend à l'enfant à *voir* — à *regarder* — à se *rendre compte...*

De toute chose peut fleurir une leçon.

6. Le bon sens sait comprendre ce que nous pouvons exiger de tel ou tel enfant :

soit pour la longueur du travail imposé,

soit pour la rapidité à faire ce travail.

Tous les enfants n'ont pas la même facilité.

Le bon sens apprend à *faire plier un article du règlement,* sans produire ni secousse, ni désordre.

7. Le bon sens nous fait patienter, n'exigeant pas que les enfants aient, tout d'un coup, de *bonnes habitudes* — de *bonnes manières* — réforment en une semaine *ce qu'il y a en eux de défectueux* — *sachent parfaitement leurs leçons*, etc...

8. Le bon sens rend prévoyant et précautionné.

La prévoyance voit les conséquences d'un acte — par exemple, l'*effet* que produit une punition *donnée à une classe entière* — ou une *parole humiliante* dite devant toute une classe.

Elle sait supporter, comme ne l'ayant pas vu, un léger désordre dû simplement à l'étourderie — elle sait attendre l'heure opportune d'une correction.

9. Le bon sens prévient les fautes pour ne pas être obligé de les punir... et, quand elles sont légères, — ne risquant pas de donner mauvais exemple — il pardonne le plus souvent ou même fait semblant de ne pas les voir.

10. Le bon sens sait attirer la confiance d'un enfant, par son accueil bienveillant — il encourage — il conseille — il aide — mais n'écoute jamais une dénonciation et surtout n'agit jamais d'après ce qui lui a été dit, sans avoir minutieusement contrôlé.

11. Le bon sens empêche une maîtresse de laisser apercevoir les peines, les révoltes intérieures... qu'elle éprouve. — N'a-t-elle pas le bon Dieu pour confident? Et le bon Dieu la laissera-t-il sans mettre

auprès d'elle un cœur et une âme vraiment dévoués pour la relever et la soutenir?

12. Le bon sens maintient une maîtresse dans une parfaite égalité d'humeur — ne la laissant pas agir par caprice :

    tantôt punissant la plus légère faute,

    tantôt tolérant un réel désordre,

    tantôt *passant tout* à quelques enfants,

    tantôt *sévère à l'excès* pour les mêmes fautes selon le plus ou moins de sympathie qu'elle éprouve. — C'est ce qu'on appelle l'*esprit de suite*, dans la direction générale, dans l'emploi du temps, dans la manière d'enseigner. On ne *fait bien* que ce qu'on *fait souvent avec méthode*.

13. Le bon sens montre à une maîtresse la nécessité d'acquérir :

des manières aimables et polies qui attireront les enfants à elle — et lui permettront de s'insinuer délicatement dans les âmes et les cœurs, pour les former et les porter à Dieu,

un goût sûr, pour apprendre aux enfants à voir, à sentir, à apprécier ce qui est *vrai*, ce qui est *beau*, ce qui est *délicat*,

un tact fin qui lui montre comment elle peut pénétrer le cœur des enfants. — Le *tact* se rapporte plus spécialement à la formation du caractère, — le *goût* à la formation de l'esprit.

14. Le bon sens prémunit contre un certain *esprit d'innovation* qui porterait à modifier ou à abolir, dès les premiers jours, les usages établis, ou à vouloir introduire, dans la maison où on est admise, ce qui se fait ailleurs.

Il faut présumer, jusqu'à preuve du contraire, que les pratiques existantes sont fondées sur de bonnes raisons.

15. Le bon sens empêche aussi de s'opposer à toute modification, par esprit de routine, sous prétexte que ce qui se fait — s'est toujours fait. — On doit toujours tendre à perfectionner la pratique des devoirs d'état, mais sous le contrôle et l'assentiment des supérieurs.

16. Le bon sens montre avec paix, après un insuccès — ce qui aurait dû être fait et comment il faudra faire dans les mêmes circonstances. Il combat surtout avec fermeté le découragement dont nous parlerons plus loin.

IV

DÉVELOPPEMENT DU BON SENS.

Le bon sens ne manque jamais complètement à une personne qui sent en elle — même à un degré bien ordinaire — la vocation d'éducatrice.

Elle n'aurait jamais eu la pensée de se dévouer à une tâche qui exige tant de renoncement, si elle n'avait senti en elle quelque chose d'élevé.

Et si, par entraînement de circonstances, toutes matérielles et vulgaires, elle s'était mise dans l'enseignement, ou bien elle se serait retirée elle-même après peu de temps, ou bien on ne l'aurait pas supportée.

Il est cependant des âmes timides, appelées par Dieu à l'enseignement, qui, après quelques mois de classes, mois pénibles — se découragent et s'imagigent n'avoir pas ce qu'il faut pour réussir — ne rien comprendre à la formation des enfants — ne pouvoir pas les dominer...

A celles-là nous disons :

Commencez par bien prier le bon Dieu, — puis :

1. Allez à une compagne plus aguerrie que vous, faites-lui part de vos craintes, de vos insuccès... et soyez docile à tout ce qu'elle vous dit.

2. Ayez l'esprit souple qui vous porte non pas à vous plaindre, mais à demander tout ce que vous ne savez pas — à essayer d'agir comme on vous le dit — à ne jamais vous révolter contre une observation, même faite sans douceur.

3. Sachez attendre — sachez lutter contre votre désir de laisser l'œuvre commencée — soyez bien sûre que la plupart des maîtresses qui font si bien à

cette heure, ont eu les mêmes inquiétudes que vous.

Oui, attendez et continuez. Pour vous comme pour tant d'autres, se vérifiera — avec l'aide de Dieu que vous priez — cette encourageante parole :

D'abord, on s'y prend mal,
    puis mieux,
    puis bien,
Puis enfin, il ne manque rien.

V

EFFETS DU MANQUE DE BON SENS.

Ces effets sont :

1° La légèreté dans l'ensemble de la tenue et de la conduite,

d'où — absence de réflexion dans les paroles, quelquefois blessantes qu'on croit réparer ou excuser en disant : *je n'y pensais pas,*

dans les ordres donnés sans en prévoir les conséquences — et souvent contraires les uns aux autres,

dans les affaires qu'on se hâte de conclure pour se débarrasser.

Le manque de bon sens entraîne à l'indiscrétion de la parole en classe — sous prétexte de mieux expliquer et d'intéresser. — Tous les éducateurs recommandent de parler peu en classe. — Parler beaucoup, c'est être peu écouté, c'est surtout laisser peu de profit dans les esprits et maintenir la dissipation.

2° La négligence dans le règlement ordinaire de la maison,

dans la surveillance,

dans la préparation de la classe,

dans les notes à recueillir.

3° L'inconstance dans le travail, interrompu, inachevé, parce qu'il fatigue et qu'il est difficile,

dans l'*ordre* de la classe — changement, sinon dans la méthode parce qu'elle est imposée, mais dans les détails,

dans les *idées*, commençant avec ardeur, puis laissant un travail pour en faire un autre.

4° La confiance aveugle de soi — de là :

manque de soumission — n'exécutant les ordres qu'avec peine — blâmant facilement ce qui se fait — laissant grandir en soi *le dégoût* pour ce qui est de l'emploi... se croyant capable de mieux faire que ce qui s'est fait jusque là...

Oh! ne laissez pas fermenter en vous ces pensées, et grandir ces petits actes d'irrégularité.

Lisez ce que nous dirons au chapitre *des vertus*.

ARTICLE SECOND

Deuxième qualité d'une bonne Éducatrice.

**Un puissant désir
de faire du bien aux enfants.**

Ce désir est une des principales marques de votre vocation d'éducatrice.

C'est ce désir qui vous a donné la pensée de faire partie d'une maison tout spécialement vouée à cette œuvre.

C'est ce désir qui vous a soutenue dans les luttes que vous avez eu à subir peut-être, pour suivre votre vocation — et pour surmonter les difficultés des études nécessaires.

C'est ce désir enfin qui a fait naître en vous, sous l'influence de la grâce, et développera de plus en plus en vous, cette vertu qui nous rapproche si intimement de Notre-Seigneur Jésus-Christ :

Le dévouement.

Nous allons dire pour vous encourager et vous guider :

1° La *nature du dévouement*.

2° Les *effets du dévouement*.

3° Les *qualités du dévouement*.

I

NATURE DU DÉVOUEMENT.

Le dévouement est le *don de soi pour le bien des autres* :

1° Le *don de soi* — c'est mettre à la disposition de tous — à l'exemple de Jésus-Christ :

    son intelligence — son cœur,

    sa volonté — ses forces — son savoir-faire,

    ses membres — ses biens matériels.

2° Pour le *bien des autres* — c'est-à-dire pour procurer aux autres — autant qu'on le peut — ce qui leur est utile et même leur donne un peu de joie.

C'est tout ce qui éloigne des autres une peine, ou leur apprend à la supporter,

tout ce qui les rend plus capables de remplir leur devoir, et d'être unis à Dieu,

tout ce qui donne une satisfaction raisonnable — essuie ou empêche une larme,

tout ce qui fait naître une espérance et prépare l'avenir... tout ce qui éclaire, ce qui relève, ce qui répare, ce qui rassure...

N'est-il pas vrai qu'il est vaste ce champ dans lequel doit se manifester *ce don de vous-mêmes* aux enfants que Dieu vous a confiés ?

Ames d'enfants à qui vous devez donner le bon Dieu et apprendre à vivre avec le bon Dieu;

Cœurs d'enfants que vous devez rendre bons, généreux, serviables;

Intelligences d'enfants que vous devez éclairer et enrichir;

Volontés d'enfants que vous devez rendre fortes.

II

EFFETS DU DÉVOUEMENT.

Effets du dévouement sur la personne qui se dévoue :

1° *Il réjouit.* — Il fait éprouver des joies intimes qui sont comme un avant-goût du ciel.

L'éducatrice dévouée comprend, sait, est sûre que, *par elle,* se fait *tout le bien* que sur la terre peut faire une pauvre créature.

C'est le *bien de Dieu,* à qui elle donne ce que Dieu demande avant tout : des âmes.

Ames d'enfants qu'elle forme à la piété et à la pureté,

qu'elle préserve — qu'elle prépare pour la lutte — qu'elle relève — qu'elle soutient.

C'est le *bien de l'Eglise* à qui elle prépare des *enfants* fidèles qui la consoleront,

des apôtres qui la défendront.

C'est le *bien des familles* dont elle fera des sauveurs. — La femme chrétienne, celle que vous formez, éducatrices dévouées, est la force de la famille — la vie chrétienne de la famille.

Ecoutez ce qui se disait dans une de ces assemblées présidées par l'Esprit du mal, qui portent le nom de *franc-maçonnerie* et qui ont pour but de chasser Dieu des âmes :

« Il y a un rempart qui nous arrête, c'est la femme chrétienne. Otez à la femme la pensée de Dieu, la crainte de Dieu, l'amour de Dieu; nous serons les maîtres. »

La comprenez-vous la grandeur de votre dévouement :

Garder Dieu dans l'âme des enfants?

2° Le dévouement *embellit* et donne à la personne qui se dévoue, un rayonnement qui a quelque chose de divin et qui attire.

On a dit que le dévouement était l'action de Dieu vivant dans une âme et se manifestant par les actes extérieurs de cette âme.

Une personne dévouée n'aurait-elle pas extérieurement des attraits qui charment, attirerait toujours à elle par quelque chose de divin — elle reposerait l'âme.

3° Le dévouement *utilise* la vie.

Oh! la vie! On a dit ingénieusement de *la santé* qu'elle était *l'unité faisant valoir tous les zéros de la vie* — on peut le dire, avec autant de justesse, du *dévouement*.

Une vie sans dévouement, à quoi est-elle bonne, même sur la terre, bonne surtout pour le ciel ?

L'âme dévouée est une âme qui va, par la vie, semant partout la *bonté de Dieu*, la *lumière de Dieu*, la *justice de Dieu;* et elle peut toujours dire : *je sème le bien.*

— Ce qu'il nous faut pour nous sentir *utiles*, dit le P. Lacordaire, c'est la certitude de travailler à quelque chose d'éternel.

Or, n'est-ce pas là le but principal de votre vie, éducatrices chrétiennes ?

4° Le dévouement augmente la puissance d'aimer et dirige cette puissance.

L'effet du dévouement est d'épanouir le cœur, de l'ouvrir, de l'obliger en quelque sorte à verser dans un autre cœur tout ce qu'il a en lui de bon et de saint pour que le cœur devienne meilleur.

C'est là ce qu'on appelle aimer.

L'effet de l'égoïsme, l'opposé du dévouement, est de resserrer le cœur, d'attirer tout à lui. — L'égoïsme tue le cœur.

L'effet du dévouement, c'est d'établir entre Dieu et l'âme des rapports d'intimité, et de rendre plus semblable à Dieu. — Or, *Dieu* est *amour*, il donne toujours. — Et le cœur qui vit en Dieu prend quelque chose de la nature de Dieu. Il donne — et plus il donne, plus il veut donner... donner jusqu'à s'épuiser.

L'*emblème* du dévouement est un *flambeau allumé*.

La *devise* du dévouement est : *Je me consume, mais j'éclaire.*

Or, après le prêtre, qui donc se dévoue autant qu'une maîtresse de classe?

III

QUALITÉS DU DÉVOUEMENT.

Le dévouement doit être fort et constant — généreux — prudent.

I

Le dévouement doit être fort et constant.

Le dévouement, comme tout ce qui tient à la nature humaine, est sujet à s'affaiblir comme s'affaiblissent la force du tempérament et la vigueur de l'esprit.

La principale cause de l'affaiblissement du dévouement est le découragement.

1. Le *découragement* est l'état d'une âme qui n'a en quelque sorte plus de *ressort* pour la soutenir dans son action. — Cette âme s'affaisse comme le travailleur à demi paralysé.

Le découragement annihile toutes les facultés de l'âme.

L'intelligence qui comprenait ce qu'il y a de beau, de grand dans la formation d'une âme, ne voit que ce qu'il y a de pénible, d'impossible; et la pauvre découragée se dit :

« Les enfants sont inintelligents, dissipés, inattentifs...

Les études sont arides; elles n'ont plus de charmes... Ce n'est pas ce que j'avais rêvé.

Il n'y a rien à faire... »

Le *cœur* qui aimait tant les enfants, qui les trouvait si attrayants, si gracieux, de qui il attendait tant de reconnaissance — ne voit plus en eux que des êtres superficiels, égoïstes, oublieux, exigeants. — Les parents eux-mêmes ne comprennent pas la peine qu'il faut se donner...

La *volonté* si généreuse, aux premiers jours, est à demi morte — elle voudrait mieux, mais elle ne peut plus — rien ne la soutient, rien ne la relève, rien ne l'excite. — Elle dit :

« A quoi bon me dévouer? Je ne puis pas, je ne sais pas faire. »

Oui, triste, bien triste état que le découragement.

2. Le *découragement* est ordinairement produit par des difficultés qu'on n'avait pas prévues :

difficultés dans les soins à donner aux enfants
— qui exigent une sollicitude constante et
un travail souvent pénible,

difficultés dans la formation des enfants rebelles, sans énergie, sans bonne volonté, sans bon esprit, sans intelligence pour le plus grand nombre,

difficultés dans les exigences des parents,

difficultés dans le peu de succès qu'on a.

Le *découragement* est produit encore par la lassitude morale ou physique qu'il ne faut pas sans doute négliger, mais qu'il faut aussi essayer de dominer avec paix — qu'il ne faut pas cacher à ceux qui peuvent y remédier... se montrant soumis et dociles pour accepter les soins et les remèdes qui sont proposés.

3. Le *découragement* est allégé et disparaît :

1° Par une piété vraie,

plus solide qu'éclatante,

plus simple que compliquée,

plus vivante dans l'action que dans le sentiment,

plus *éclairée*, comprenant qu'elle consiste avant tout dans l'accomplissement du devoir sous le regard de Dieu et avec le secours de Dieu invoqué,

piété *intime* avec Dieu et filiale dans les moments de la prière — même bien courte,

régulière sans ténacité, sans inquiétude, quand elle ne peut tout faire.

2° Par la fidélité envers ses supérieurs :

leur demandant conseil,

leur confiant les peines — les déceptions — les insuccès... qui inquiètent.

acceptant les soulagements qu'ils accordent ;

3° Par l'entretien dans l'esprit d'un peu de gaîté.

La gaîté est le soutien du dévouement, — la compagne de la santé du corps et de l'âme. — Elle met de l'entrain dans une classe par les fêtes, les récréations... et la joie des enfants se communique à la maîtresse.

4° Par les douces joies de l'amitié à qui on confie ses ennuis et qui par sa douce intimité les dissipe.

Ne portez jamais seule, par un sentiment d'amour-propre ridicule, les peines ni de l'âme ni du cœur.

Il y a dans l'amitié d'une âme qui vit avec Dieu, et dans l'affection d'un cœur dévoué, des remèdes à toutes les maladies, à toutes les faiblesses, à toutes les blessures.

II

Le dévouement doit être généreux.

1. Il se donne sans compter :

il donne son temps,

il donne ses soins,

il donne son cœur,

il donne sa santé — mais ici il a besoin *de prudence* — ou mieux, *d'obéissance* et doit accepter tous les soulagements — et tous les jours de repos qu'on lui impose.

Il se donne avec désintéressement, et *sans retour* — heureux certes d'un remerciement qui l'encourage — mais il ne le cherche pas directement.

Il se donne avec pureté d'intention; voyant avant tout — dans sa position — une mission divine : le *bien réel des enfants* dont il est l'ange gardien.

Et cette pensée :

> lui donne une *influence* plus grande sur l'esprit, le cœur, le caractère des enfants,
>
> lui permet de jouir des consolations de l'âme que Dieu donne à ceux qui travaillent pour *Lui* et avec *Lui*.

2. Le principal effet de la générosité dans le dévouement — celui qui est le plus utile à une maîtresse, c'est de *lui attirer l'affection de ses élèves*.

Or, cette affection, il faut la conquérir à tout prix. — Vos élèves vous les appelez *vos enfants,* vous êtes donc des *mères*. Si elles ne vous aiment pas, vous pourrez orner leur intelligence, les rendre capables de briller à un examen, de s'attirer, dans le monde où elles seront plus tard, les éloges des gens superficiels e. la jalousie de leurs anciennes compagnes, ce qui les flattera beaucoup — mais votre influence n'ira pas à leur âme et à leur cœur. Vous n'en ferez ni des enfants pieuses, ni des enfants utiles à leur famille, ni des saintes surtout.

Vous aurez perdu votre temps et... leur âme peut-être.

Se faire aimer de ses élèves est à la fois la chose la plus facile et la plus difficile.

L'affection se montre :

par un *visage* paisible, souriant, qui attire et fait dire, même à celles qui voient leur maîtresse pour la première fois : *Elle a l'air bon, bien bon,*

. par *l'entrain* que met une maîtresse à se mêler aux jeux des *petits enfants,* des plus petits, et à se faire enfant avec eux,

par son empressement à se prêter aux récréations des grandes élèves — à leurs jeux d'esprit — à tout ce qui les intéresse — en se procurant tout ce qui est de nature à exciter leur curiosité et à stimuler leur esprit.

Oh! les récréations! Elles exigent de réels sacrifices, mais que de bien elles permettent de faire — quand c'est le cœur et l'âme qui dirigent!

C'est dans les jeux auxquels on se mêle, qu'on parvient à connaître la nature, les penchants, les défauts des élèves.

C'est dans *les causeries,* en promenade, dans la cour — causeries sans apprêts, sans pédanterie — habilement orientées par une maîtresse intelligente, qu'on peut donner une foule de conseils qui ne seraient pas aussi utiles pendant une classe.

L'affection se montre :

par une parole aimante, qui *console*, qui *relève*, qui *ouvre le cœur*,

par un témoignage de satisfaction après un acte généreux, un devoir difficile bien fait, un sacrifice qui a un peu coûté,

par une patience maternelle à écouter les petits chagrins,

par la communication empressée d'une *lettre* qui vient de la famille — et alors, à cette enfant, parlez-lui affectueusement de son père, de sa mère, de ses frères, de tout ce qu'elle aime.

Se faire aimer c'est obtenir des prodiges — mais prenez garde que cet attachement ne dégénère en mollesse et *en affection particulière*, — nous en parlerons plus loin — afin que les élèves ne puissent jamais dire que vous avez des *préférées*, à qui vous *passez tout* et pour qui vous avez toujours des sourires...

Les actes de dévouement ne se *cataloguent pas*. — Ils sont inspirés par le cœur.

Et quand *ce cœur* est à Dieu, ces actes sont presque *à l'infini*.

Ils ne sont pas *prévus*, ils sont *spontanés* et toujours utiles.

Ils semblent toujours *les mêmes*, mais ils ont des nuances qui les adaptent au moment...

Oui, soyez saintes et vous aimerez — et votre amour sera fécond...

III

Le dévouement doit être prudent.

La prudence est une vertu qui nous fait voir et peser les avantages et les inconvénients d'une action avant de prendre une détermination.

Le dévouement est *entraînant* par lui-même. — Il risque, dans les âmes surtout que n'a pas mûries l'expérience, de pousser à des actes qui n'atteignent pas le but qu'il se propose.

C'est la prudence qui donne à l'éducation cette sagesse, ce tact, cet à-propos qui tout en lui laissant son ardeur — le maintient dans de justes bornes.

1° La prudence éclaire l'esprit, lui indiquant par une intuition rapide :

le moment d'agir,

les moyens à prendre pour agir,

les dangers de la précipitation dans l'action et la mesure à employer pour éviter les excès du zèle.

2° La prudence porte à ne jamais agir poussé par un premier mouvement irréfléchi — à moins de cas rares — et à prendre conseil dans les choses importantes.

Elle porte encore à prévenir les fautes pour n'avoir pas à punir.

Elle mesure les punitions non seulement à la faute — mais encore et surtout à la nature de l'enfant et à sa conduite habituelle.

Elle évite *les punitions générales* pour indiscipline par toute une classe. — Toute la classe n'est certainement pas coupable — et la punition serait injuste pour *les innocents*.

Cas difficile, qui exige beaucoup de tact, de savoir-faire, de possession de soi-même... mais qui ne doit jamais porter une maîtresse à exiger une dénonciation.

3° La prudence conduit à *la justice* qui, d'une manière générale, signifie : ce qui est *exact*, ce qui *est conforme à la vérité*.

Ne portez pas trop vite un jugement s'il doit surtout être sévère.

La prudence adoucit un reproche par la manière de le présenter — fait accepter une punition par la manière dont elle la fait envisager.

Soyez justes, mais d'une justice qui ne soit ni capricieuse ni trop sévère.

Une sévérité à l'excès rend les enfants irrités — et, pour longtemps, ferme leur âme à la piété et leur cœur à l'affection.

Il y a, chez les enfants, un tact délicat pour apprécier la justice de leur maîtresse.

4° La prudence fait chercher les moyens d'être utile *à tous* sans doute, mais aussi *à chaque enfant*, d'après son *caractère*, son *tempérament*, son *éducation première*.

La *règle* est la même pour toutes les élèves — c'est vrai — mais que de modifications à apporter pour telle enfant, — et quelle délicatesse pour ne blesser personne !

5° La prudence est prévoyante. — Elle est même un peu timide et ne craint pas de demander conseil.

6° La prudence sert de guide et de règle dans la manière d'exercer l'autorité.

Savoir commander est sans doute un effet des résultats de la prudence qui n'agit qu'avec mesure — qu'avec connaissance de cause — qu'après avoir pris conseil et surtout demandé la lumière de Dieu ; mais suppose dans la personne qui a l'autorité une vertu bien forte et qui a dû lui coûter beaucoup de travail intérieur.

Savoir commander n'est pas seulement l'art d'obtenir l'obéissance matérielle et extérieure : c'est l'art de se faire respecter — estimer — obéir — aimer... par un sentiment intime qui montre dans la personne qui a l'autorité,

    le représentant de Dieu,

    le remplaçant du père et même de la mère de famille.

Or, ce résultat ne peut avoir lieu, s'il n'y a pas réellement dans l'âme de la maîtresse qui commande : la vie de Dieu et l'action de Dieu.

7° La prudence exige — et, d'après ce que nous avons dit, vous le comprenez vous-mêmes — que vous vous observiez en tout, de manière à obtenir et à conserver l'estime de toutes vos élèves.

Oui, désirer l'estime de vos élèves, ce n'est pas *vanité* — c'est nécessité pour faire le bien — et voilà comment on a pu dire qu'une *maîtresse devait être sainte*.

Soyez au moins irréprochable en tout :

dans la *tenue extérieure*, toujours d'une simplicité élégante et d'une exquise propreté,

dans le *maintien habituel*, évitant :

l'affectation dans la démarche,

le manque de distinction dans les manières,

la prétention dans l'ensemble de la vie,

dans la *parole* afin qu'elle n'ait

rien de moqueur,

rien de trivial,

rien de trop grave.

Il faut savoir être enfant avec les enfants ;

savoir s'amuser pour les amuser et leur apprendre à s'amuser,

condescendre à tout ce qui leur est agréable et utile...

Mais rester toujours la maîtresse — c'est-à-dire :

celle qui commande,

celle qui récompense, qui punit, qui fait grâce,

celle sans la permission de laquelle rien ne doit se faire.

8° En résumé : Une maîtresse devrait avoir :

de Dieu : La majesté pour être respectée,

La justice pour être obéie,

La miséricorde pour être aimée ;

d'une mère : L'attrait pour attirer,

L'affection pour recevoir les confidences,

La douce parole pour guider, pour
relever, pour apaiser.

ARTICLE TROISIÈME

Troisième qualité d'une bonne Éducatrice.

Un bon caractère.

I

NATURE DU BON CARACTÈRE.

Le caractère est en général la manifestation des qualités ou des défauts du cœur, de l'esprit, du tempérament... qui prédominent dans chaque personne.

Le caractère se reconnaît :
dans les goûts, les inclinations, les habitudes d'une personne, dans sa manière de parler, d'agir...

alors surtout qu'elle ne pense pas à veiller sur elle —
et quelquefois même dans sa physionomie et à l'air
de son visage — mais il ne faut pas se hâter, d'après
l'extérieur surtout, de porter un jugement.

Un bon caractère est un grand bienfait du ciel —
et un puissant secours pour pratiquer la vertu.

Il donne à la vertu un charme et un attrait particuliers.

Il rend la piété aimable,
       l'autorité douce,
       les enseignements plus agréables et plus
       pénétrants.

Un bon caractère est absolument nécessaire à une
éducatrice.

Sans lui elle ne sera pas, entre les mains de Dieu,
un instrument capable de faire le bien.

N'attirant pas à elle, elle ne saura :
    ni faire aimer la vertu,
    ni rendre attrayante l'étude,
    ni former les âmes et les cœurs qu'elle laissera
      inquiets, irrités, sans goût, sans affection.

Un bon caractère est un trésor dans une maison
d'éducation.

La maîtresse qui le possède peut ne pas avoir les
qualités pour diriger une maison, mais elle est d'un

puissant secours à celle qui gouverne — et comme elle n'a pas d'ambition, elle ne porte ombrage à personne.

Le bon caractère d'une maîtresse attire dans une maison d'éducation plus d'élèves que n'en attire une maîtresse savante. — Il y a là, ce semble, peu de logique, mais c'est un fait. La réputation de bonté, par conséquent de bon caractère, est comme un aimant pour les parents; c'est une atmosphère de joie pour les enfants.

Un mauvais caractère rend à peu près inutiles les plus belles qualités de l'esprit... et paralyse l'effet des vertus. Il recouvre tout ce qu'il y a de bon dans une âme, comme *d'un manteau d'épines.*

II

MANIFESTATION DU BON CARACTÈRE.

Le bon caractère se manifeste :

par l'empressement à rendre service,

par l'oubli de soi pour être utile aux autres, se prêtant volontiers à accomplir tout devoir et à venir en aide sans penser à son utilité personnelle.

La pensée qui le domine est celle-ci : *Je ne suis bonne que pour faire plaisir.*

Le bon caractère sent bien, certes, et même vivement, un mauvais procédé, un oubli qu'il peut supposer calculé — mais il réprime, au point de vue divin, le froissement qu'il éprouve, comme il secouerait la poussière qui salirait son vêtement.

L'ensemble du bon caractère, le voici :

> pas de susceptibilité.
> pas de rancunes,
> pas de froideur affectée,
> pas de peine visible de se voir oublié,
> toujours simple et de bonne humeur.

Le bon caractère se manifeste par la pratique des vertus dont nous aurons à parler.

III

FORMATION DU BON CARACTÈRE.

C'est un travail désirable certes, mais bien difficile pour certaines natures.

Il demande une volonté constante, énergique, disons le mot, entêtée.

Travail réputé à peu près inutile par tous ceux qui ne s'appuient que sur les forces humaines, parce que, disent-ils, on manque de point d'appui pour commencer la réforme de son caractère.

On manque de secours assidus, généreux ; d'une force qui dirige, soutienne, relève.

On manque de moyens qui doivent varier selon l'âge, les habitudes, le milieu.

Oui, travail difficile, mais non infructueux pour nous, catholiques, qui avons le cœur en haut et qui agissons sous la direction de cette parole de saint Paul :

« Je puis tout en Celui qui me fortifie. »

On a bien trouvé, dit saint François de Sales, le moyen de changer les amandiers amers en amandiers doux — en les perçant seulement au pied pour en faire sortir le suc. — Pourquoi ne pourrions-nous pas faire sortir et déraciner nos inclinations perverses pour devenir meilleurs ?

Point de naturel si revêche qui, par la grâce de Dieu — puis par l'industrie et la vigilance — ne puisse être dompté.

IV

MOYENS POUR FORMER LE CARACTÈRE.

1° *Se connaître* — c'est-à-dire se voir sans faiblesse, sans exagération, sans parti-pris de ne pas se trouver méchant — sans se décourager surtout en se découvrant des défauts.

« Pour se bien connaître, » a-t-on dit, un peu malicieusement, « on devrait faire demander les défauts qu'on a à un de ceux avec qui on vit, et écouter, sans être aperçu, tout ce que cet intime qui nous connaît, dit de nous... »

Connais-toi toi-même, disaient les anciens... conseil très beau, mais difficile ; on ne veut pas se connaitre, parce que plus d'un de nous serait forcé de dire ce mot d'un homme du monde :

« Quand je me regarde, je me fais peur. »

L'examen de conscience fait devant Dieu à l'aide d'un bon livre énonçant les défauts de l'âme, du cœur, de l'esprit — les manies — les habitudes — les méchancetés de l'amour-propre et de la jalousie... etc..., peut nous éclairer, à condition que cet examen ne sera pas superficiel et qu'il sera constant.

Un examen écrit est un grand stimulant. Appelez-le *journal* si vous voulez, peu importe, mais écrivez-le pour vous seul, sous le regard du bon Dieu.

2° Se tracer un plan de vie qui embrasse :

1. les devoirs à remplir :

  devoirs d'état avant tout,

  devoirs de famille, et la famille ce sont tous ceux avec qui nous vivons,

  devoirs de société,

  devoirs personnels selon les aptitudes et les goûts en dehors de ce qui est obligatoire : études — vie de l'esprit — repos de l'esprit — repos matériels et distractions nécessaires.

C'est faire tous les jours la part de l'âme — la part de l'esprit — la part du cœur...

2. les mauvaises tendances à réformer,
les bonnes tendances à raffermir,
les habitudes utiles à développer.
(Nous indiquerons comme modèle le tableau que s'était tracé Franklin et qu'on trouve facilement).

V

CONSEILS PRATIQUES.

Disons ici qu'il y a à peu près chez tous :

Deux grandes tendances de l'esprit contre lesquelles il faut lutter :

1° Les *vides* dans la journée et dans l'intervalle que laissent entre elles les différentes occupations.

2° Le *renvoi à tout à l'heure* de ce qui doit et peut se faire maintenant.

Ne restez jamais sans rien faire.

Ne vous permettez jamais un arrêt de fantaisie.

Tenez votre esprit en éveil — sans cela votre caractère deviendra capricieux.

Un bon caractère est toujours prêt à agir, parce qu'il n'a jamais cessé d'obéir à un devoir.

Deux grandes forces à acclimater en nous :

1. N'avoir jamais à se dire : *que vais-je faire ?* — avoir par conséquent, une vie bien réglée et un travail bien indiqué.

2. Ne jamais écouter ces paroles devant une action utile **qui se présente** : *A quoi bon ?*

Tout acte fait volontairement et avec application fortifie, grandit, utilise l'intelligence : *un mot entendu, une ligne lue,* comprise et retenue, sont une semence ; et toute semence peut germer...

C'est par cette vigilance et par ce travail que se plie le caractère.

Ne dites jamais : *Je ne puis pas.* — Vous pouvez ne pas savoir faire une œuvre dans toute sa perfection — vous pouvez toujours l'entreprendre — essayer vos forces et vos aptitudes, en vous mettant à l'œuvre. — Qu'importe pour votre perfectionnement que vous n'ayez pas fini ? — D'ailleurs, celui qui ne commence rien, ne finit rien...

3. N'encombrez pas trop votre vie — ne veuillez pas tout faire, ou tout faire à la fois.

Si chaque année, dit l'*Imitation,* vous retranchiez un seul défaut, vous seriez bientôt parfait.

C'est que les défauts sont légion dans l'âme — un seul détruit les désunit tous, et affaiblit la vigueur de ceux qui restent.

4. Peut-être serait-il plus agréable, et plus utile surtout, de travailler à acquérir une vertu.

La vertu c'est la lumière ; le vice c'est l'ombre. La lumière chasse l'ombre.

L'humilité détruit l'orgueil et la suffisance,

La charité détruit la susceptibilité, la malveillance et l'égoïsme.

La douceur détruit l'impatience et la vivacité,
L'activité détruit la mollesse,
Les petits sacrifices et les petits renoncements
détruisent le désir des jouissances sensuelles.

Oh ! s'il nous était possible de rencontrer sur le
chemin de la vie, le guide que rencontra Tobie, aux
premières heures de son voyage !
guide dévoué venant de la part de Dieu,
guide généreux, n'ayant qu'un but : nous être utile,
guide sûr, sachant ce qu'il faut faire et comment
nous devons le faire,
guide infatigable ne ralentissant jamais son dévouement à cause de notre peu de soumission —
de notre impressionnabilité et de nos murmures.
Si dans les communautés il y a peu d'âmes fortement et généreusement vertueuses, c'est qu'il n'y a
pas toujours un guide dévoué ou mieux, il y a de la
part des âmes, peu de soumission à ce guide.
... On dit vulgairement d'un caractère ferme pour
le bien, qu'il est bien trempé — or, le tremper, c'est
l'obliger à se soumettre à un ordre donné et à une
règle imposée.

ARTICLE QUATRIÈME

Quatrième qualité d'une bonne Éducatrice.

**La science suffisante et même supérieure
à l'enseignement qu'elle doit donner.**

I

NÉCESSITÉ DE LA SCIENCE.

Vous a-t-on raconté cette parole de saint Thomas, consulté par des religieux, sur le choix d'un supérieur ?

Il le faut saint pour qu'il attire sur vous les grâces de Dieu et s'acquière l'estime de tous — mais la sainteté ne suffit pas.

Il le faut prudent pour qu'il détourne du mal et même de l'apparence du mal — mais la prudence ne suffit pas.

Il le faut bon, pour qu'il rende douce et aimée votre vie, si souvent hérissée de peines — mais la bonté ne suffit pas.

Il le faut surtout savant, instruit, expérimenté, judicieux.

Il a pour mission de former chacun de vous pour l'œuvre que Dieu lui demande, selon ses aptitudes,

d'éclairer vos intelligences, leur apprenant à distinguer le vrai du faux, le bien du mal,

de fortifier votre volonté pour qu'elle se porte, malgré les obstacles, à l'accomplissement du devoir.

Or, pour cette œuvre, il faut qu'un supérieur soit savant,

qu'il domine les autres par son intelligence,

qu'il prenne autorité sur ceux qui, en l'écoutant, comprendront la sagesse, la vérité, la grandeur de ce qu'il dit,

qu'il s'attire le respect, l'estime, l'obéissance,

en un mot, qu'il se montre supérieur à tous : en raison, en connaissances, en capacité, en vertu, en toutes choses...

La vertu, par elle-même si supérieure à la science, ne suffit pas à celui qui doit diriger les autres.

Le savoir illumine, éclaire, élève, enrichit l'âme ; la rapproche de Dieu qui est appelé *le Dieu des sciences* — il communique la science de Dieu.

Le Saint-Esprit vint donner aux apôtres, qui avaient reçu de Jésus-Christ la mission d'enseigner : la connaissance de toutes les vérités de la foi et de la morale, et leur donner les talents pour les communiquer et les expliquer aux peuples.

Cultivez donc ensemble *la vertu et la science*, dit saint Paul à Timothée — chargé, comme vous, d'enseigner — vous procurerez ainsi votre salut et le salut de ceux qui vous sont confiés.

Les qualités du cœur ne suffisent pas à une éducatrice. — Il lui faut la *culture intellectuelle* qui soutient le cœur dans sa vie de dévouement...

La bonne volonté ne suffit pas à une éducatrice.

La volonté a besoin d'un guide pour la diriger. Ce guide, c'est l'esprit droit, l'esprit éclairé, l'esprit élevé.

Le cœur faiblit et la volonté dévie dès que l'esprit est *faible* ou *faussé*...

II

ACQUISITION DE LA SCIENCE.

Vous devez donc devenir savantes. On ne vous dit pas de devenir *des savantes*. Ce mot indique un ensemble de connaissances, souvent plus brillantes qu'utiles, et qui ont pour effet de faire briller avant tout, et de rendre célèbres les personnes qui les possèdent.

Savantes pour vous, éducatrices et institutrices, c'est connaître, posséder, comprendre tout ce qui est nécessaire à la formation et à la direction de l'âme, de l'intelligence, du cœur, de la vie matérielle des enfants.

C'est *exposer* vos connaissances avec clarté, avec méthode, les développer, les faire pénétrer dans les âmes et les faire aimer, pour qu'elles deviennent une règle de conduite.

Ajoutez à ces connaissances utiles et nécessaires, quelques autres connaissances un peu superflues peut-être, mais *brillantes*, qui auront pour but :

d'attirer l'attention des enfants,

d'exciter leur curiosité,

de charmer leur imagination,

de leur faire aimer la classe,

et aussi (c'est bien permis, certes) de faire admirer la maîtresse sans qu'elle le cherche directement.

Nous en parlerons plus loin.

III

COMMENT S'ACQUIERT LA SCIENCE.

1. La science s'acquiert par l'étude réfléchie.

Etudier, c'est ensemencer l'esprit.

Etudier, c'est augmenter tous les jours les richesses intellectuelles.

Etudier, c'est habituer l'esprit à la *réflexion*, le principe de tout bien intellectuel et moral — c'est par la réflexion, donner à l'esprit plus de justesse, au jugement plus de force...

Etudier, c'est apprendre à connaître les hommes et les choses,

c'est puiser — dans les bons et beaux livres, des principes pour sa propre conduite et celle des autres,

c'est se rendre tous les jours plus capable de faire du bien — c'est s'approcher de Dieu, le Dieu des sciences, le Dieu qui sait.

Etudier, c'est conserver les connaissances acquises.

L'étude est à la science ce que l'huile est à la lampe — ce que la boussole et les voiles sont à un navire — ce que l'arme est à un soldat.

Sans étude — l'esprit devient un outil qui se rouille et s'use dans l'inertie.

Il devient un terrain demeuré inculte qui ne produit que de *folles herbes*. — Il résistera plus tard aux efforts... il sera stérile...

Etudiez donc toujours. — La maîtresse qui abandonne l'étude parce que *elle sait*, deviendra superficielle — amusera peut-être, mais cessera d'être utile et son esprit vieillira avant l'heure.

Celui qui ne saurait juste que ce qu'il doit enseigner risquerait fort de n'être ni compris ni écouté.

Nous dirons, en parlant de l'*Institutrice*, comment on étudie.

Le savoir à demi rapetisse l'âme et enfle l'esprit.

Le savoir vrai est modeste, il ne fait pas parade, de ce qu'il sait, mais ce qu'il sait rayonne comme une auréole autour de la maitresse qui enseigne et la fait resplendir aux yeux de ses élèves. — Elle n'y pense pas, mais les élèves l'écoutent avec bonheur. — Elle est pour elles un oracle.

D'ailleurs, notre intelligence est un don de Dieu et nous n'avons pas le droit de la laisser dans l'inaction et dans l'imperfection.

Elle est, comme l'a si bien dit une femme supérieure :

L'*agent* le plus actif de notre perfectionnement —
plus on connait Dieu, plus on l'aime,
plus on connaît le devoir, mieux on l'accepte.
L'*agent* aussi de notre mission d'éducatrice.

Aux trois vœux de pauvreté, de chasteté et d'obéissance, certains ordres enseignants ajoutent le vœu d'*instruction* — c'est presque faire vœu d'appartenir à l'aristocratie intellectuelle — dès lors, toute infériorité devient un non sens.

Mme Barrat, femme d'esprit, ce qui ne l'a pas empêchée d'être béatifiée et bientôt canonisée, disait à ses filles :

« Mes sœurs, nous sommes assez sottes par nature, ne le devenons pas par grâce, c'est inutile. »

Vraiment cela est si simple; pourquoi prendre la peine de le répéter?

C'est une grande chose, dit Mgr Dupanloup, que la direction des études dans un pensionnat de jeunes filles. — Et s'adressant directement à une maîtresse générale, il lui dit :

« Vous voilà jetée dans beaucoup d'études et de travaux; il faut vous occuper non seulement de la grammaire et des éléments, mais de tout ce qui se doit enseigner : histoire, littérature, poésie, rhétorique, science, philosophie même...

« Il vous faut lire beaucoup, faire des plans d'études, examiner et décider quels sont les meilleurs auteurs à mettre entre les mains, soit des élèves, soit des maîtresses de classes... Ne redoutez rien au point de vue de votre âme et de votre vie religieuse. — Il y a des saintes, de grandes religieuses, des femmes qui étaient en même temps de la plus haute naissance et de la plus haute vertu qui travaillaient et étudiaient comme probablement ni vous ni bien d'autres aujourd'hui, ne le ferez jamais. »

2. L'expérience... a démontré que l'esprit ne peut rester stationnaire. — Il faut qu'il avance sous peine de reculer — qu'il s'enrichisse sous peine de s'appauvrir.

L'*Educatrice*, qui doit aussi être *Institutrice*, doit chercher par un travail constant, à ajouter tous les jours à *son savoir acquis* de nouvelles connaissances.

Il faut qu'elle apprenne, qu'elle étudie pour ne pas se trouver un jour au dépourvu devant ses supérieurs, même devant ses élèves.

Avec le temps, la mémoire s'affaiblit et se perd, si elle n'est pas cultivée.

Retrempez-vous donc dans vos livres d'études.

Lisez quelques publications pédagogiques, très nombreuses aujourd'hui — n'acceptez pas sans contrôle tout ce qui est dit, mais soyez au courant de tout. — Procurez-vous quelques ouvrages modernes. — *Assistez* quand vous le pourrez à des conférences. — *Causez* avec vos compagnes des *choses de la classe.* — Et, l'occasion se présentant, soyez heureuses de demander et de connaître ce qui se fait dans d'autres maisons...

Aimez non à *disputer* mais à *discuter.*

3. On disait d'un savant professeur, qui étudiait toujours : « Il semble, à le voir lire, réfléchir, analyser, écrire, qu'il n'a pas fini ses études. »

Ce mot doit être vrai d'une bonne éducatrice et institutrice qui a appris d'un ancien (Sénèque) ce précieux conseil : « Pas un jour sans avoir lu quelque chose d'utile. »

Tous les jours, vous devez donner à *votre jugement* plus de puissance, plus de force, plus d'étendue et de rectitude.

Tous les jours vous devez cultiver *votre goût*, qui vous fait discerner en tout ce qu'il y a de plus vrai, de plus beau, de plus délicat.

Tous les jours, vous devez tendre à *acquérir le tact*, qui vous apprend à manier et à former les caractères.

Soyez bien convaincues que plus vous aurez une science profonde et variée, plus vos paroles porteront de lumière dans l'esprit de vos élèves — plus vos méthodes seront simples et pratiques, plus vous saurez captiver l'attention, pénétrer dans les esprits, élever et enrichir les intelligences...

Ne vous fiez donc pas trop ni à vos diplômes ni à vos connaissances acquises — ne vous bornez pas à *la science* acquise dans *un manuel* — c'est un guide, ce n'est pas le trésor où vous devez puiser — faites-vous des *cahiers à vous* — prenez des notes.

4. Il est des maisons où, chaque mois, dans des réunions familières, les maîtresses rendent compte de ce qu'elles ont fait — de ce qu'elles ont lu — ou appris...

Chaque mois, *les classes*, à tour de rôle, donnent à toutes les élèves, une séance littéraire, artistique, amusante... ce sont des *scènes* de nos grands classiques — ce sont des *poésies* — des *devoirs de classe* lus en public — des *chants* qui entraînent, qui égaient — des exercices de déclamation... C'est la *vie intellectuelle* qui se développe, s'épanouit.

En résumé, éducatrices et institutrices :

Ne vous négligez pas. — Perfectionnez-vous.

Ne vous *enroutinez* pas dans les mêmes devoirs à donner — et les mêmes paroles à dire.

Vivez — marchez en avant sous une direction prudente — ne végétez pas...

IV

COMMENT SE DONNE LA SCIENCE.

Il y a, dit M⁅ᵍʳ⁆ Dupanloup, plusieurs sortes de *savoir :*

1. Le *savoir* proprement dit, celui dont nous venons de parler — et qui s'acquiert par l'étude et par la réflexion.

2. Le *savoir-dire* qui attire l'auditeur et le captive — qui, par le charme de la parole, fait pénétrer la vérité dans l'âme, la fait aimer et lui vient en aide pour fructifier.

Le *savoir-dire* a des degrés, et n'est pas le même dans l'orateur qui veut entraîner et dans le professeur qui enseigne.

Celui qui a pour mission d'enseigner, de faire ce qu'on appelle *une classe*, doit être clair, précis, intéressant toujours. Le geste doit être *sobre*; il peut être nul. Le ton de la voix doit être *harmonieux* sans affectation — *incisif*, quelquefois ferme; ne craignant pas d'accentuer fortement une proposition, une démonstration, une parole, de redire les mêmes choses.

Les règles de la diction données en classe sont pour l'élève autant que pour la maîtresse.

3. Le *savoir-faire* qui est le puissant auxiliaire du *savoir* proprement dit et du *savoir-dire*...

Le savoir-faire est sans doute un don naturel, mais il existe en germe dans toute maîtresse qui a la vocation de l'enseignement, et il se développe sous l'influence du désir de bien faire et des exemples donnés autour de soi.

C'est le savoir-faire qui met en classe ce qu'on appelle *l'entrain* — mot imagé qui montre toute une classe *entraînée* — fait suivre la maîtresse dans ses explications — fait apprécier, désirer, aimer tout ce qu'elle dit et tout ce qu'elle fait.

C'est le savoir-faire qui crée et entretient *l'émulation* pour les élèves.

L'émulation est un sentiment généreux qui excite à égaler, à surpasser même quelqu'un en talents et en mérites.

Elle est un puissant moyen pour développer un esprit, former un caractère et fortifier une volonté.

Mais elle doit avoir pour but, non pas directement de surpasser les autres, mais

de bien faire, et de très bien faire, de mieux faire
  tous les jours,

de faire plaisir aux parents et aux maîtresses,

de devenir plus utile,

d'accomplir surtout *son devoir* — le devoir voulu par Dieu.

L'émulation alors est un élément de succès et de joie. Elle ne détruit pas l'amitié, mais elle l'entretient et l'anime. Elle fait lutter sans arrière-pensée et la lutte est toujours utile.

Seuls, les petits esprits sont jaloux.

L'émulation a pour stimulant :

1° L'*éloge* donné en public à l'élève qui a le mieux réussi,

à celle aussi qui s'est le mieux appliquée,

à celle qui, sans avoir mérité la première place, a fait des progrès réels.

Ces éloges doivent être justes, mesurés, sans exagération, mais sans découragement aussi pour ceux qui ont moins réussi.

Ne décourageons jamais — une enfant découragée prend facilement *son parti* des reproches qu'on lui fait et des mauvaises notes qu'on lui donne — et elle peut devenir un funeste exemple pour les autres.

2° Les notes — l'inscription sur le tableau d'honneur — une pancarte indiquant le succès acquis (le bon point) — c'est *l'éloge* rendu permanent.

3° Les *récompenses* à époque fixe — ou *tous les mois* ou *tous les trimestres* — résultat, connu d'avance, du nombre de bonnes notes ou de bons points.

Il faudrait que cette séance publique où sont, chaque mois, distribuées les récompenses, fût entourée d'un certain éclat : grande tenue, concours de toutes les maitresses — musique et chant — scènes déclamées — lecture, pour les hautes classes, des meilleurs devoirs du mois conservés dans un cahier spécial — déclamations par les petites...

4° Les prix à la fin de l'année.

Nous indiquons seulement ces moyens d'émulation. Chaque maison a, dans *son directoire,* un mode d'action auquel elle doit s'attacher.

⁎

L'émulation a ses dangers. — Elle risque de développer le sentiment de l'orgueil — et de faire mépriser les autres.

Il est une émulation bien sainte, c'est :

L'émulation de soi-même — s'appliquer à devenir meilleur aujourd'hui qu'hier — travailler mieux aujourd'hui qu'hier... Cette émulation développe les facultés, réforme le caractère, donne à l'éducation morale une heureuse direction.

CONCLUSION DE CE PREMIER CHAPITRE

A vous Educatrices, à vous Institutrices de former, d'élever, d'agrandir les âmes !

Fonctions augustes et sacrées, fonctions qui constituent un véritable apostolat.

Voyez comme il est beau, comme il est grand, cet apostolat.

Il a pour mission :

De former à la vie chrétienne une âme immortelle, créée à l'image de Dieu et rachetée par le sang de Jésus-Christ,

de retirer cette âme des ténèbres de l'ignorance,

de la pénétrer de lumière et d'amour,

de lui conserver ou de lui restituer son innocence,

de la rendre féconde en saints désirs — en nobles pensées — en actions utiles,

de cultiver un cœur qui sera le sanctuaire de Dieu et de lui donner le désir, même le besoin, de se dévouer et de faire du bien,

d'arracher, d'affaiblir au moins les germes du péché et de faire grandir les vertus.

de fortifier *ce corps*, chef-d'œuvre de la création visible et temple du Saint-Esprit, d'élever enfin tout cet être pour lequel Dieu lui-même se sent un si grand amour qu'Il n'a pas jugé indigne de préposer à sa garde un ange du ciel.

N'est-elle pas belle cette vocation ?

Non, qu'on ne nous parle pas d'une vocation humainement resplendissante, non, qu'on ne promette pas, à qui voudra l'embrasser, ni la fortune ni la gloire...

Nous voulons plus grand, nous voulons plus beau, nous voulons plus resplendissant de dévouement, nous éducatrices, nous voulons Dieu...

Dieu seul qui crée l'amour dans le cœur d'une mère crée la vocation d'éducatrice dans notre âme.

CHAPITRE DEUXIÈME

Vertus d'une Éducatrice.

Y A-T-IL des vertus spéciales à une éducatrice ?
Oui, comme il y a des vertus spéciales à une jeune fille — à une épouse — à une mère de famille.

Il y a dans chaque position des *devoirs d'état.* — Chaque devoir exige une aptitude, une manière d'être et d'agir toute spéciale — et par là un acte de la volonté en rapport avec les devoirs.

Cet acte de la volonté est une vertu...

La même vertu qui dans une éducatrice est, par sa nature, la même que dans une mère, demande souvent des applications différentes.

Ainsi le devoir d'état pour une éducatrice étant spécialement la formation d'une enfant à la vie divine — et en même temps à la vie de famille et de société — les vertus que Dieu demande d'elle doivent tendre toujours à cette formation.

ARTICLE PREMIER

Vertus essentielles à une Éducatrice.

**Deux vertus sont surtout nécessaires à une Éducatrice :
La piété et le zèle.**

Sans ces vertus, l'éducatrice ne parviendra jamais, malgré tous ses efforts, toute son industrie, toute sa science, même avec les vertus naturelles qu'elle pratiquerait, à faire d'une jeune fille ce que Dieu veut qu'elle en fasse :

La *joie* d'abord, puis l'*auxiliaire*, puis la *consolatrice* et souvent le *soutien de sa famille*.

I

LA PIÉTÉ.

La piété est en général le sentiment qui, nous mettant en rapports habituels et intimes avec Dieu, nous porte à faire avec générosité tout ce qu'il demande de nous.

Nous avons parlé de la piété à inspirer aux enfants. — La piété de l'éducatrice a quelque chose de plus spécial.

Dieu l'a choisie pour la mission si importante et si délicate de la formation des âmes d'enfants.

Il l'a mise dans des conditions favorables qui, petit à petit, ont éclairé et enrichi son intelligence.

Il a fortifié sa volonté.

Il l'a entourée des soins les plus minutieux dans une maison où rien ne lui manquera sous aucun rapport.

La voilà donc sous la direction de Dieu.

Il y a entre elle et Dieu des rapports spéciaux d'intimité, de dépendance, de dévouement.

1. Elle va à Dieu *chaque matin* comme la servante va à son maître, lui disant : « Me voici, mon Dieu, servez-vous de moi. »

Elle sait ce qu'elle a à faire par l'ordre établi, et elle continue, chaque jour, l'œuvre de la veille.

Elle n'est jamais sans savoir ce qu'elle a à faire.

Et si un accident arrive, elle va, si elle le peut, demander conseil — et si elle est seule — se sentant la servante de Dieu, elle regarde un instant au dedans d'elle, et elle agit comme elle peut, sans trouble et sans découragement.

Après un insuccès, elle se maintient ferme, cherche à réparer, si c'est possible, et reprend sa vie ordinaire.

Le bon Dieu n'est-il pas avec elle ?

2. Elle va à Dieu *chaque soir*, apportant à son maître son travail du jour, ses fatigues, ses peines, ses déceptions, ses lâchetés, ses succès aussi... lui demandant, avec sa bénédiction, une parole de paix, de pardon et d'amour.

3. Elle va à Dieu chaque fois que se présente une difficulté ou même simplement quand elle a un travail spécial à faire.

Voyez comment un éminent professeur, Ollé Laprune, comprenait le besoin d'être éclairé par Dieu, quand il devait faire une de ses leçons à l'Ecole Normale :

« Je passerai cette journée dans le recueillement — écrivait-il un matin — je reverrai ce discours sous vos yeux, ô mon maître — je le prononcerai ce soir pour vous et, s'il paraît accueilli avec faveur, vous me défendrez contre la vanité.

« ... Aujourd'hui, fête de saint Jérôme, écrivait-il une autre fois, je veux l'implorer tout spécialement ; que mon âme soit d'accord avec ma foi. Quel bonheur d'avoir à enseigner ! Enseigner, communiquer la vérité, exercer une action sur les âmes... que je le fasse avec respect et avec amour !

« O Jésus ! Maître divin, enseignez-moi à enseigner ! »

4. On peut dire que la vertu la plus essentielle à une éducatrice est la piété, c'est-à-dire la vie avec

Dieu — la vie pour Dieu — la vie qui s'emploie à
servir Dieu et à le faire servir — la vie de famille
avec Dieu.

Oh ! la piété ! comme elle relève, comme elle
ranime, comme elle redonne la vie, surtout à
ces âmes découragées dont nous avons parlé et
qui n'en pouvant plus, ne trouvant ni auprès de
leurs enfants, ni auprès des personnes qui les
entourent rien qui les soutienne, veulent tout abandonner.

Ecoutez ce que dit le P. Judde à une de ces
âmes :

« Tous ceux qui, voués à l'éducation, se dégoûtent
de leur état et veulent en sortir, ont toujours
commencé par *ne plus faire oraison*.

« Nous osons défier qu'on nous en montrât un
seul bien exact à ses exercices, *à l'oraison surtout —*
qui fût mécontent de son état. »

Venez donc chaque matin, pauvre âme découragée,
vous exposer au rayonnement divin de Jésus dans
l'Eucharistie. — Ouvrez-vous pour recevoir *ce pain*
qui donne et entretient la vie.

Rappelez à la bonne sainte Vierge que vous êtes
à elle et que vous voulez travailler pour faire
connaître et aimer son Jésus-Christ.

II

LE ZÈLE.

Le *zèle* met en action, sous la direction et sous l'influence de la piété, toutes les facultés de l'âme — toutes les ressources de l'esprit — toutes les forces des membres. C'est qu'il s'agit ici de grandes et nobles choses : Redresser et diriger le jugement des enfants — former et élever leur cœur — tremper leur volonté — polir leurs mœurs — leur donner des habitudes d'ordre, de travail...

Le zèle est *insatiable* — il ne dit jamais : *assez*.

Le zèle s'étend à tout ce qui peut donner à une enfant *le goût* d'abord de la vertu, puis *l'acquisition* de la vertu.

Il est *ingénieux* pour profiter de toutes les circonstances.

Il est *sage* et *prudent* dans son action. Il prie — il réfléchit — il demande conseil avant d'agir.

Il est *ferme* dans sa manière d'agir.

Il est *généreux* et *persévérant* dans ses efforts — ne se laissant :

    ni rebuter par la fatigue,

    ni dominer par la timidité,

    ni décourager par les échecs.

Il est *patient*, sachant souffrir — temporiser à propos et attendre avec calme la réalisation de ses espérances.

Pour exciter votre zèle, rappelez-vous la parole que la fille de Pharaon disait à la mère de Moyse en lui remettant ce petit enfant qu'elle avait sauvé des eaux :

« Acceptez-le, nourrissez-le pour moi ; je vous récompenserai largement. »

C'est la parole que vous dit N.-S. J.-C. chaque fois que vous est amenée une nouvelle élève :

« Reçois-la, le cœur ouvert, les bras ouverts, aie soin d'elle, garde-la pure... c'est moi qui te récompenserai. »

Ne sentez-vous pas votre âme tressaillir ?

C'est le zèle...

Le zèle a pour but trois choses :

1° Empêcher l'offense de Dieu ;
2° Réparer l'offense faite à Dieu ;
3° Faire connaître, servir et aimer Dieu.

1. Pour empêcher l'offense de Dieu, le zèle est surtout vigilant — disons plus simplement *veillant* à tout, *veillant* toujours ; d'où le nom de *surveillantes* donné aux maîtresses.

Veillant dès la première heure pour que *le lever* des enfants soit modeste et actif,

pour que, au dortoir, rien n'éveille la moindre pensée ni de légèreté, ni de désordre, ni d'indiscipline, ni de manque de propreté. — Au dortoir le silence est de rigueur... on ne peut parler qu'aux maîtresses et encore à voix basse.

Au moment du réveil, *Le cœur à Dieu* est donné à haute voix par la maîtresse — redit à haute voix et lentement par toutes les élèves.

Au dortoir — aide mutuelle sous la direction des maîtresses.

Veillant dans les *allées et venues* de la maison où peuvent se rencontrer deux élèves seules...

Pendant les études — ne permettant pas, sur les bureaux, d'autres livres que ceux à étudier au moment présent — ni d'autres devoirs que ceux indiqués.

Vous mêmes, pendant votre surveillance, ne vous occupez pas à un travail qui vous absorberait même quelques minutes — ne lisez pas — ne causez pas — ne vous laissez pas absorber par quelques enfants qui détourneraient votre attention de l'ensemble des élèves.

Visitez les bureaux, pendant l'absence des enfants, pour en constater l'ordre et voir s'il n'y a rien de caché — visites fréquentes, toujours à l'insu de l'élève, au dortoir, à la lingerie, dans les poches.

Veillant *pendant les récréations.*

Obligeant tous les enfants à jouer — mettant les *jeux en train* — mais ne jouant que superficiellement pour ne pas laisser la surveillance.

Ne permettant pas de petits rassemblements — ni des intimités à deux.

Allant dans les différents groupes, les différents jeux, sous prétexte de les animer — ne s'arrêtant à peu près nulle part — voyant tout — entendant tout — devinant tout.

... Le détail de la surveillance serait bien long...

C'est que les ruses pour *tromper une maîtresse* et pour échapper à ses regards sont... presque infinies. Vous en découvrirez toujours de nouvelles.

Soyez donc tout yeux, tout oreille, voyez tout, entendez tout, devinez tout.

Les enfants se *parlent des yeux* — s'entendent par signes — se passent des billets — se prêtent des livres — se communiquent des cahiers — se font des cadeaux en cachette.

Certes, ne soyez pas *taquines, minutieuses, inquisitieuses...*

Ne vous effarouchez pas d'un sourire, d'un serrement de mains — ne voyez pas du mal en tout — ne harcelez pas vos enfants — ne reprenez pas avec impatience — ne punissez pas pour un rien...

— Comment faire?

Demandez-le au bon Dieu — soyez avec Dieu — Dieu sera avec vous.

Mettez-vous à même de pouvoir le soir dire à Dieu : il me semble, ô mon Dieu, que mes enfants ne vous ont pas offensé.

2. Le zèle cherche à réparer l'offense faite à Dieu.

La réparation doit se faire par la maîtresse elle-même qui, tous les soirs, paisiblement, mais généreusement, applique une dizaine de chapelet pour prier la sainte Vierge de demander pardon de tous les manquements de la journée.

Il est des maisons où la maîtresse récite elle-même, après la prière faite avec les élèves, *un acte de contrition* au nom de toute la maison.

La réparation doit être demandée aux petits enfants — après un mensonge, un caprice, une méchanceté... La maîtresse les prend à part et leur fait demander pardon au bon Dieu.

Heureuses les maisons dans lesquelles on accoutume les élèves — quel que soit leur âge — à ne jamais aller prendre leur repos du soir, sans avoir demandé pardon d'un *manquement* — d'une *réponse hautaine* — d'une *désobéissance*... sans demander pardon à la maîtresse... qui alors lui rappelle le pardon de Dieu.

Le sommeil est doux quand l'âme et le cœur sont en paix.

3. Le zèle cherche à faire connaître, servir et aimer Dieu :

Une maîtresse pieuse *sait trop* le but de sa vocation, pour ne pas s'attacher à faire connaître, servir et aimer Dieu :

Elle a le catéchisme à apprendre.

Elle a les *prières* à faire, non pas seulement *réciter,* mais à faire *aimer*.

Elle a à parler souvent de la sainte Communion — à diriger peut-être celles qui sont les *enfants de Marie* — à préparer à la première Communion — à donner aux plus petites l'habitude de la visite au Saint-Sacrement...

— La maîtresse pieuse comprend ce que lui demande le zèle.

La piété et le zèle font naître dans l'âme d'une éducatrice ce sentiment ou mieux cette vertu, gardienne de la paix, et qui a nom l'*humilité*.

L'humilité, c'est tout simplement la conviction que Dieu voulant se servir d'une âme, lui donne tout ce qui est nécessaire pour réussir dans son emploi.

Tout ce que cette âme voit en elle : *intelligence, savoir-faire, paroles, manières attrayantes, succès,* elle le voit comme des moyens mis à sa disposition par le bon Dieu.

Elle est heureuse, contente, mais elle n'en est pas fière et n'en fait pas parade. — Elle en remercie tous les jours le bon Dieu ; elle se prête aux autres, leur communiquant ce que Dieu lui a prêté à elle-même.

Et quand elle a une déception ou un insuccès, elle s'en attriste un peu, mais vite se remet à l'œuvre.

ARTICLE SECOND

Autres vertus d'une Éducatrice.

A la piété et au zèle, vertus plus spécialement surnaturelles parce qu'elles ont plus directement en vue le bon Dieu, l'éducatrice doit joindre d'autres vertus *naturelles* en elles-mêmes, mais que son intention rendra aussi surnaturelles.

Ces vertus impressionnent plus fortement les enfants et sont d'une grande utilité à l'éducatrice pour l'accomplissement de sa mission.

Nous allons indiquer, au point de vue spécial de l'éducatrice :

La douceur. — L'amabilité. — L'urbanité. — La conservation de l'autorité. — La gravité. — La fermeté. — L'union entre compagnes. — Le bon esprit.

I

LA DOUCEUR.

Rappelez à votre mémoire cette belle parole de Jésus-Christ :

Heureux les doux, ils posséderont la terre, et faites-en l'application à votre vocation d'éducatrice.

Voulez-vous, pour faire du bien à vos enfants, les attirer à vous ? Soyez douce ; et remarquez le mot de Jésus : *Vous posséderez* l'enfant que vous aurez attirée. Son âme, son cœur, son intelligence, sa volonté seront à vous, et comme alors vous pourrez facilement les donner à Jésus-Christ !

Etre douce, c'est être d'un abord facile, agréable, supportant sans trouble, sans laisser paraître ni répugnance, ni indignation, les défauts d'esprit, du cœur... tout ce qui est de nature à impressionner péniblement.

C'est juger des choses sans aigreur, sans passion, sans entêtement.

C'est ne jamais opposer l'humeur à l'humeur — la violence à la violence... mais savoir se posséder et rester toujours polie : « Jamais parole dure ne m'a réussi, » disait une maîtresse expérimentée.

La devise d'une éducatrice qui possède la douceur de Jésus-Christ, est celle-ci :

« Suavement et fortement. »

Devise difficile à appliquer dans la pratique, quand on a à corriger — à redresser — à retrancher — à lutter... et comme une éducatrice a besoin

d'une *sage direction* qui l'éclaire,

d'une *main vigoureuse* qui la soutienne,

surtout d'une *union intime* avec N.-S. J.-C. !

La douceur n'est pas l'apathie, ni le tout laisser passer pour ne pas se sentir émue — c'est la possession de son âme sous le regard de Dieu qui vit en elle.

Oh ! savoir résister — savoir plier — savoir refuser — savoir accorder — savoir revenir sur un ordre donné — savoir s'arrêter à temps — savoir laisser passer un orage — savoir attendre — savoir accommoder un reproche ou une punition, à l'âge, au tempérament, à l'état présent de l'enfant qui est là !

Que de tact, que de prudence, que de vertu, que d'inspiration divine, ajouterons-nous — il faut à une éducatrice !

La douceur a pour compagne la condescendance. Comprenez la force de ce mot : c'est descendre par affection au niveau de ceux qui sont au-dessous de nous,

C'est s'accommoder à la manière de tous, autant que le permet la raison,

C'est chercher les intérêts des autres plutôt que les siens,

C'est, a-t-on dit joyeusement, *être inodore et incolore* — n'incommoder personne — ne s'imposer à personne — ne tenir la place de personne.

On a plus tôt fait de condescendre à la volonté des autres, que d'amener les autres à notre volonté.

Soyons *pliables*, mais ne gardons pas les *plis*.

Le meilleur moyen pour une femme, a-t-on dit, c'est d'être douce.

II

L'AMABILITÉ DE LA PHYSIONOMIE ET LA DIGNITÉ DU MAINTIEN.

Être aimable, c'est posséder :

La sérénité du visage,

L'habitude du sourire,

L'égalité du caractère,

La simplicité dans les manières,

L'accueil bienveillant,
La patience pour écouter,
L'humeur égale,
L'absence de brusquerie,
La parole simple, douce, ordinairement bonne et
  modérée, surtout quand il s'agit de gronder ou
  de refuser.

Etre digne, c'est éviter :
L'affectation dans la démarche,
La vivacité dans les manières et les réponses,
La volubilité dans les paroles,
L'enfantillage ou la prétention dans la manière
  d'agir,
Une mise trop recherchée, trop minutieusement
  agencée, trop disparate de la mise des autres.

III

L'URBANITÉ OU SIMPLEMENT LA POLITESSE DES MANIÈRES.

La politesse dans une maîtresse est la fleur de
la bonté, du renoncement, de la bienveillance.

Elle complète l'action de l'amabilité qui attire les
enfants.

Elle devient pour les élèves une leçon constante
de savoir-vivre — développe en elles l'habitude des

procédés délicats et donne un véritable charme aux relations.

Elle empêche toute parole blessante, toute brusquerie, tout désordre, soit dans l'emploi du temps, soit dans l'arrangement extérieur de ce qui est à l'usage de tous...

Elle éloigne de l'esprit des enfants la pensée de traiter trop familièrement la maîtresse — et de manquer de tenue devant elle.

Il n'est pas de maisons d'éducation dans lesquelles on ne donne des leçons de *savoir-vivre* et de *politesse*, que Mgr Dupanloup définit : « une application délicate et attentive à témoigner à tous, par notre conduite extérieure, notre estime et notre bienveillance.

« Toute faite de charité, de générosité et de délicatesse, elle est la gloire de notre chère nation et l'apanage du caractère français. »

La politesse consiste :

> à être digne sans hauteur,
> réservé sans taciturnité,
> toujours affable, jamais vulgaire,
> à causer avec esprit,
> à écouter avec bienveillance.

Une éducatrice doit donner l'exemple de tout ce qu'elle enseigne.

IV

LA CONSERVATION DE L'AUTORITÉ.

L'autorité est le reflet de la mission que Dieu a donnée aux maîtresses.

C'est ce reflet divin qui inspire aux enfants :

La crainte filiale de leur manquer de respect et de leur désobéir.

L'estime pour accepter ce qu'elles disent.

La confiance pour aller à elles et leur ouvrir leur âme.

L'affection qui leur montre en elles une seconde mère.

Cette autorité se conserve :

par une fermeté douce, patiente, qui ne se dément jamais,

par la pratique — même extérieure — de ce qui est le devoir... Une maîtresse ne doit jamais se permettre ce qu'elle défend aux autres. — Elle ne doit pas craindre d'expliquer sa conduite, quand elle a dû s'abstenir de ce qu'elle devait faire,

par une rigoureuse justice dans ses appréciations et ses jugements. — Elle peut, elle doit même quelquefois, *atténuer* et même *faire cesser une punition* —

mais en donnant toujours une raison fondée sur le *bien* de l'enfant punie,

par le dévouement qui la montre toujours en action pour être utile — et par l'affection qui ne faiblit jamais...

L'autorité se perd :

par le manque de gravité qui, sous prétexte d'attirer les enfants et de les amuser — se permet des manières trop *enjouées* et trop *familières*.

Il ne faut jamais perdre ni laisser diminuer ce prestige de la maîtresse qui, nous l'avons dit, est, pour l'enfant, une image de Dieu.

Descendons vers l'enfant — mais ne nous *abaissons pas* avec lui.

L'enfant doit toujours pouvoir nous respecter et même — disons-le — nous *craindre un peu* sans *avoir peur* de nous...

V

LA GRAVITÉ.

Nous avons prononcé le mot de *gravité* en parlant de l'autorité — et nous avons dit qu'elle ne devait jamais disparaître de l'extérieur d'une éducatrice, mais la gravité n'est ni la raideur, ni l'affectation, ni la pose, ni la suffisance, ni la parade, ni le *parler* recherché.

'La gravité n'exclut ni la bonté, ni l'affection, ni l'enjouement, ni la simplicité.

Elle empêche la familiarité, le laisser aller dans la tenue, dans les rapports avec les enfants, la trivialité dans les récits, sous prétexte de faire rire.

La bonne éducatrice ne se fait remarquer en rien ;

Elle est bien — et c'est assez.

VI

LA FERMETÉ.

La fermeté est la persévérance dans l'accomplissement d'un *bien* à faire, quand ce bien est réel et nécessaire et qu'il n'a été entrepris qu'après réflexion et conseil.

La fermeté n'est opposée ni à la bonté, ni à la charité, ni à la douceur.

Elle est le complément de ces vertus.

Elle les conserve et les défend contre la *faiblesse*, contre l'*inconstance*, contre la molle condescendance.

Le mot vertu signifie *force*, et c'est la fermeté qui fait la force.

La fermeté fait partie essentielle de tout bon gouvernement.

Nous venons d'indiquer les difficultés de l'alliance de la bonté et de la fermeté ; elle est cependant possible, à moins de cas bien exceptionnels.

La *fermeté* doit se montrer, dès les premiers jours de l'entrée dans une maison d'éducation, et se montrer à tout le monde — mais *ferme* ne veut pas dire *impérieuse* dans le *ton* surtout.

Que tous les élèves sachent : Ce qu'il y a à faire et la manière de le faire.

Qu'une maîtresse indique même comment il faut faire — aide à faire — apprenne à réparer ce qui a été mal fait,

Soit toujours bienveillante pour ce qui n'est pas *bien fait*, par manque d'expérience ou de savoir — et encourage par ces paroles si vraies : « Vous ferez d'abord *moins bien*, puis un *peu mieux*, puis *tout sera bien*... » mais exigez l'*application* — exigez le *travail fini* — le travail fait de la première à la dernière ligne — du premier point de couture au dernier point.

Il y a *un pli* à donner à une maison. . ne le laissez pas se déformer.

Non certes, le règlement d'une maison d'éducation n'est pas *une barre de fer !*

C'est un cordon fortement tissé — bien directement tendu, mais sans raideur. Il peut, par moment, légèrement dévier, mais il doit pouvoir — par lui-même — reprendre son niveau et ne se briser jamais. — Nous parlerons plus loin des punitions.

VII

L'UNION ENTRE LES MEMBRES DE LA MÊME MAISON.

Rien que vous deviez demander avec plus d'instance au bon Dieu, que cette union entre vous toutes, qui travaillez à la même œuvre.

Cette union constitue l'esprit d'une maison — et seule peut rendre cette maison prospère.

Elle assure aux enfants l'uniformité de direction, qui fortifie le caractère.

Elle entretient, entre les maitresses, la paix, la joie, le bien-être, l'amour de la vocation.

Elle fait naitre la gaité — et la gaité sans dissipation — fortifié la santé du corps, entretient la paix de l'âme et développe les facultés de l'esprit. — La gaité n'est pas la dissipation qui trouble; elle est joyeuse, toujours digne; elle est le signe d'une maison heureuse.

Elle développe les connaissances intellectuelles : chacune des maitresses étant heureuse de faire part de ce qu'elle a appris — et de prêter ce qu'elle possède.

Une maison unie par les liens de l'âme, du cœur, de l'intelligence — est un foyer qui rappelle le foyer paternel et donne même des jouissances que ne donnait pas ce foyer des premières années qu'on aime toujours.

VIII

LE BON ESPRIT.

Ce mot embrasse à peu près toutes les vertus qui donnent la paix, la joie, l'éclat et le succès à une maison d'éducation.

Le bon esprit est pour l'âme et le cœur ce qu'est pour les personnes une atmosphère pure et sereine, qui entretient le bien-être et la vie.

Le bon esprit :

C'est une commune façon de penser, conforme à cette règle des âmes droites, bonnes, dévouées :

Chacun pour tous — tous pour chacun.

C'est le respect absolu de l'autorité, dans laquelle il voit le bon Dieu. — Il va auprès de ses supérieurs comme il va au bon Dieu, leur demandant des explications — leur soumettant ses doutes, comptant toujours sur eux dans ses peines.

C'est l'épanchement de l'amitié, la sincérité dans les rapports, le désir de rendre service, la simplicité à donner et à recevoir un avis.

C'est le soutien de ceux qui faiblissent, la force de ceux qui s'oublient.

C'est la tendance à chercher le bien en toutes choses — et à juger plutôt en bien, qu'à juger en mal à première vue.

Oh! la bonne maison que celle où règne le bon esprit!

CHAPITRE TROISIÈME

Défauts que doit éviter une bonne Éducatrice.

Nous ne parlerons pas des *défauts de caractère* de l'éducatrice, parce que l'application de chacune d'elles à pratiquer les vertus indiquées dans le chapitre précédent, les rendra vigilantes sur elles-mêmes.

Nous indiquons seulement quelques-uns des défauts qui nuiraient certainement à leur mission.

I

LE DÉSIR TROP ARDENT D'APPRENDRE ET DE SAVOIR.

Oh! ce désir de savoir, comme il avait quelque chose d'entraînant pendant ces jours, où sous une direction sage et expérimentée, on se préparait à l'enseignement !

On vivait alors dans une atmosphère pleine de vie littéraire. — Des maîtresses étaient là, nous montrant, dans tout leur éclat, le beau rayonnement des œuvres qu'on avait choisies avec discernement et qui nous enthousiasmaient.

Des livres étaient là, nous faisant — trop peut-être — oublier *le matériel* de la vie et nous transportant dans un idéal... qui nous semblait *le réel* de l'avenir.

Des compagnes étaient là, avides comme nous de tout ce qui élevait l'âme et charmait l'imagination.

L'heure est venue où doit cesser cette vie qui n'était qu'un apprentissage de la vie qui s'ouvre devant vous.

Voilà le travail pour les autres — voilà des leçons à donner à de petits enfants — voilà des cahiers à corriger — voilà des soins matériels qui absorberont toutes vos heures — voilà une surveillance qui prend ce que vous appelleriez si volontiers vos moments libres.

Certes, ce n'est pas sans un vrai serrement de cœur que vous renoncerez, momentanément au moins, à cette *vie de l'esprit* si attrayante, mais vous le devez :

A *votre santé* qui n'est plus complètement à vous, mais à l'œuvre à laquelle vous vous êtes donnée et que des études en dehors des classes — et que des veilles prolongées affaibliraient. Sachez jouir des récréations qui vous sont offertes. — Sachez vous égayer et redevenir enfant... Plus tard vous reprendrez vos bons et beaux livres d'autrefois.

Vous le devez :

Pour acquérir *par la pratique* ce que ne vous donneraient que difficilement et incomplètement les livres les plus en renom. Ne les dédaignez pas ces *livres de pédagogie,* qui ont ouvert à votre intelligence tant de délicieux horizons, mais laissez-les quelque temps en repos. — Ecoutez au début de votre carrière les conseils de maîtresses expérimentées; faites la classe sous leur direction. Elles vous apprendront ce que vos livres n'ont pu vous apprendre et leur conversation, aux heures de repos, vous donnera les joies de l'esprit et du cœur dont vous avez besoin.

Vous le devez :

Pour conserver, vous qui êtes à Dieu, *l'esprit de recueillement et de prière.*

Les études faites en dehors des devoirs et uniquement pour être *plus savantes* vous suivraient dans vos prières; et vous vous sentiriez moins avec le bon Dieu.

Les distractions causées par *la classe* n'empêchent pas l'union à Dieu. — Devant vous vous n'êtes jamais seule. — Il y a toujours vous et vos enfants...

II

LE DÉSIR TROP ARDENT DE BIEN FAIRE QUI DEVIENT ÉGOÏSME.

Oui, vous devez chercher à bien faire, — à mieux faire tous les jours, et même, à vous rendre témoignage que vous faites bien — à aimer qu'on vous le dise. — Besoin impérieux de notre pauvre nature humaine, qui réclame *quelques compliments* pour se sentir active. Le bon Dieu ne réprouve pas ces *petitesses* qui sentent l'enfantillage...

Mais — modérez ce désir — ne le laissez pas dominer en vous. — Sachez accepter, sans trop de découragement, une journée pendant laquelle vous aurez moins bien réussi — et une parole qui — de la part de vos compagnes ou de vos enfants — vous a un peu humiliée.

Dites-vous avec fermeté : ce soir, demain, je ferai mieux.

Surtout, ne cherchez pas à vouloir faire mieux que les autres et à faire connaître que vous faites mieux.

Ne dénigrez pas vos compagnes.

Prêtez volontiers votre concours. — N'empiétez pas, certes, sur l'emploi d'un autre, mais soyez toujours prête à rendre service, et à réparer une *négligence* que vous apercevez — et faites-le sans jamais humilier. ·

Demandez volontiers un conseil et une aide.

Oh ! conservez donc cette union de cœur et d'âme, tant recommandée par N.-S. J.-C. Réjouissez-vous du succès des autres... Que vos enfants vous sachent toutes unies !...

III

LA NÉGLIGENCE DANS L'EMPLOI.

Cette négligence n'est pas toujours bien apparente.

Ses effets, toujours désastreux, ne se montrent qu'après un temps plus ou moins long — et la maîtresse qui s'en est rendue coupable, est tout étonnée de ce qu'on lui reproche.

1. La négligence consiste :

1° *Dans le manque de vigilance pour la tenue des élèves.*

Cette tenue, un peu molle, peut ne paraître que simple nonchalance sans aucune gravité. — Elle peut conduire à la sensualité.

Manque de vigilance, pour leur manière de se vêtir et de jouer en récréation — pour laisser tenir des propos qui semblent n'avoir rien de bien répréhensible, mais qui sont bien légers et presque inconvenants — pour laisser contracter des amitiés trop familières et permettre à deux élèves d'être trop souvent seules.

La négligence consiste :

2° *Dans le manque de régularité pour l'emploi du temps en classe.*

L'ordre devient monotone, c'est vrai, mais sa monotonie lui maintient sa puissance.

Ten donc fortement aux moments précis de la récitation, de l'explication, de la lecture à faire... Reprenez vite le lendemain l'ordre interrompu accidentellement la veille.

La négligence consiste encore :

3° *Dans la surveillance incessante à exercer,* dans les allées et venues, dans les jeux ou trop animés ou faits en dehors des regards de la maitresse — dans l'ordre, le silence, la réserve au dortoir — dans le respect à apporter à la prière et à la chapelle...

2. **Les causes de la négligence peuvent être :**

Dans un malaise physique qui se prolonge sans avoir rien de grave, mais qui paralyse les forces et atténue la vigueur de l'intelligence...

Sans doute, il ne faut pas qu'une maitresse s'inquiète outre mesure de l'affaiblissement momentané de sa santé — mais elle doit prendre toutes les précautions nécessaires dès qu'elle se sent moins de vie et moins d'activité.

Une autre cause de *négligence dans l'emploi,* est un affaiblissement de l'âme.

La prière ennuie un peu, elle est pénible... et on la laisse.

La pensée de Dieu — le recours à Dieu ne vient plus à l'esprit — et on s'en inquiète peu...

Les enfants sont plus pénibles, plus indifférentes...

On ne les abandonne pas sans doute, mais on s'en dégoûte un peu — et on fait juste le nécessaire. — Il est des cas où le nécessaire *n'est pas suffisant.*

Oh ! comme une prière un peu plus accentuée, — comme une confession plus humble, plus complète surtout et plus soumise, — comme une communion pendant laquelle on s'offrirait plus généreusement au bon Dieu, — comme un recours plus filial à la sainte Vierge, — comme surtout une bonne parole, forte, dévouée, dite par une compagne, remettrait la pauvre âme qui se laisse aller à la dérive — dans le vrai chemin du dévouement !

IV

LE MANQUE D'ORDRE ET D'EXACTITUDE.

Si le manque d'ordre et d'exactitude est dans la nature d'une personne, on ne doit jamais lui confier une classe — encore moins la direction d'une maison.

Une classe — une maison sans ordre ne pourraient subsister. — Nous n'insistons pas : Dieu nous dit que *l'Enfer* est le *lieu sans ordre...*

1. Dans toute maison bien ordonnée : il y a ce qu'on appelle un horaire ou indication de l'emploi de la journée.

L'horaire ne laisse rien *à l'imprévu* — rien *à l'aventure* — rien *au caprice et à la fantaisie* de la maîtresse.

Grâce à *l'horaire :*

aucune branche de l'enseignement n'est oubliée,

aucun exercice n'est négligé.

Tout se fait dans la mesure voulue, sans empiéte-ment irrationnel d'un exercice sur un autre.

Par le secours de *l'horaire :*

La maîtresse est délivrée du souci et de la fixation de l'ordre du jour et de la préoccupation du lendemain. — *L'horaire* lui amène tout à point, dans un ordre sagement réglé. — Il doit être pour la maîtresse comme un ordre sacré.

2. Dans toute maison bien ordonnée : il y a une méthode d'enseignement.

C'est-à-dire, un plan qui doit être suivi dans l'enseignement à donner aux élèves.

Ce plan prend l'élève à son entrée, trace, année par année, — trimestre par trimestre, — semaine par semaine — ce qu'on doit apprendre dans chaque classe.

Il indique les livres à étudier ou à lire — la manière d'étudier, de réciter, d'expliquer...

Nous n'avons pas à parler ici des différentes méthodes à employer — mais nous demandons à la maîtresse de s'assujétir scrupuleusement à la méthode qui lui a été imposée.

Qu'elle ne se croie pas autorisée à modifier, à retrancher, à ajouter — qu'elle n'introduise pas dans sa classe les innovations que lui suggérerait la lecture de quelques journaux pédagogiques.

La maîtresse peut — doit même — prendre des notes pour elle-même — rédiger ses impressions... mais elle n'a pas le droit d'innover dans sa classe.

Peu de personnes sont capables de rédiger *un plan d'études*. Il faut pour cela : de la science, de l'étendue dans l'esprit, un bon jugement — une grande expérience surtout. Et ce n'est que peu à

peu — année par année — qu'on parvient à tracer
un plan réellement utile.

Heureuse la maîtresse qui, entrant dans une
maison, trouve *un ordre* établi et n'a qu'à le
suivre.

3. L'ordre qui doit régner dans une maison et
qu'une bonne maîtresse doit s'appliquer à maintenir, — doit se montrer : dans les allées et venues —
dans la tenue en rang — dans la manière de
marcher — dans la ponctualité à faire une chose
commandée — à arriver et à partir à l'heure fixée —
dans les jeux en récréation qu'une maîtresse vigilante doit toujours suivre des yeux... — dans la
disposition matérielle des objets dont on a l'usage,
dans la toilette toujours simple, mais toujours
agréable — dans l'arrangement d'un bureau — dans
la manière dont sont classés les devoirs sur les
cahiers : date du jour — titre bien en vue — marges
bien marquées — corrections faites avec soin —
propreté — livres soigneusement recouverts.

Détails sans doute, mais qui tous, mis en pratique,
indiquent la bonne tenue d'une maison — l'intelligence pratique d'une maîtresse habile — et forment
l'enfant à la vie utile.

Le manque d'ordre entraîne le manque de suite,
c'est-à dire l'inconstance dans le règlement imposé —
et le manque de persévérance dans les méthodes

imposées, dans la manière de donner et d'expliquer les leçons, de corriger les devoirs, de donner publiquement les notes.

On ne forme ni un caractère, ni une intelligence, ni une âme, sans une grande persévérance dans les moyens employés et même sans un peu de monotonie.

V

UNE SÉVÉRITÉ EXAGÉRÉE.

1. Il est des maîtresses qui — par *tempérament* ou par *exagération* dans l'intelligence du devoir — se montrent très sévères envers les élèves.

Elles ont pour principe qu'il ne faut rien passer aux enfants pour ne pas leur laisser prendre de mauvaises habitudes, et appliquent dans leur conduite cette parole de Dieu, bien mal comprise : « La crainte est le commencement de la sagesse. »

Tristes maîtresses !

La dureté dans le ton — la raideur dans les manières — la sécheresse dans la parole — la brusquerie dans le commandement — la ténacité dans ce qu'elles ont dit... peuvent obtenir un ensemble de mouvements réguliers ou de silence général, mais feront des hypocrites — aigriront les cœurs — et éloigneront de la vertu...

... Oh ! si vous entendiez ce qu'elles disent de vous, pauvres maîtresses, ces enfants que vous supposez si *régulières*... et ce que le bon Dieu surtout dit de vous...

2. Un juste milieu entre la sévérité et la bonté excessive est difficile à tenir.

Ecoutez seulement ce mót de N.-S. J.-C., et allez-lui en demander l'explication et l'application : « Bienheureux ceux qui sont doux, parce qu'ils posséderont la terre. »

Cette terre à posséder, ce sont *les cœurs*. Ces jeunes cœurs qui vous sont confiés : c'est leur affection, leur confiance, leur estime que vous devez posséder... et ils ne vous la donneront jamais, s'ils vous voient sévère — hautaine — dure — inexorable...

Prenez conseils de vos supérieurs — de vos compagnes plus expérimentées, du directeur de votre âme.

3. Sans doute, il faut reprendre — il faut gronder — il faut corriger — il faut dompter un caractère rebelle — il faut guérir une plaie... Mais c'est un art bien difficile que celui de punir.

Voyez la simple énumération de ce qu'on pourrait appeler le *code de la punition.*

Une punition doit être :

Pure et désintéres .., c'est-à-dire infligée uniquement pour l'accomplissement d'un devoir sans apparence de vengeance.

Charitable, c'est-à-dire infligée avec la pensée d'être utile à celui à qui on l'impose.

Juste, c'est-à-dire infligée alors seulement qu'on est sûr que la faute a été commise et qu'elle mérite une punition.

Proportionnée, c'est-à-dire infligée : selon la faute commise, qui peut être une faute de malice — une faute d'oubli — une faute de fragilité — une faute d'entêtement — une faute publique qui a causé scandale — une faute privée que personne ne connaît — une faute isolée ou une faute souvent commise...

Modérée, c'est-à-dire plutôt moins forte que trop rude.

Paisible, c'est-à-dire infligée avec des paroles dites sans émotion apparente — sans brusquerie — sans vouloir humilier — et avec espérance d'un bon résultat. — Cette manière de réprimander, peut quelquefois ne rien produire de bon sur celle qu'on punit, mais elle est profitable aux autres.

Prudente, c'est-à-dire infligée de manière à ne causer aucun dommage réel ni à la santé, ni à la réputation, ni même au caractère de l'enfant qu'il faut ne pas irriter. — Une punition humiliante ne doit être donnée que dans certains cas bien graves, et avec beaucoup de tact.

Infligée en paroles simples, précises, courtes.

Remarquez que les mères, sont en général moins écoutées que les pères. — Les mères reprennent souvent, menaçent sans cesse, punissent peu, pardonnent vite. — Les pères parlent rarement, menaçent peu, imposent leur volonté...

— Soyez mères -- soyez pères aussi.

Une faute — après le pardon demandé — doit être facilement ou pardonnée ou moins punie si elle n'est pas connue — mais si la faute est publique, la grâce accordée doit être publique, et quelquefois il faut exiger un acte public qui indique la ferme volonté de mieux faire. C'est une *réparation*.

4. Voyez dans vos enfants, ce que la *sœur de charité* voit dans ses malades.

Que de maladies dans ces petites âmes !

La paresse, le mensonge, la colère, la sensualité, la jalousie, la légèreté, l'entêtement...

La *sœur de charité* ne les traite pas avec impatience, mépris, dureté...

Oh ! maîtresses placées là par le bon Dieu, soyez les anges gardiens, les sœurs de charité de vos enfants : plus malheureuses que coupables ! Soignez leurs plaies... Soyez douces avec elles... Exigez sans doute l'accomplissement de leurs devoirs, mais faites-le sans colère, sans emportement, avec une énergie patiente et toujours maîtresse d'elle-même...

VI

LE TROP D'AFFECTION POUR UNE ENFANT EN PARTICULIER.

Nous l'avons dit : Il faut qu'une maîtresse aime ses élèves.

Pour toutes les enfants que le bon Dieu vous envoie, votre cœur doit s'ouvrir, large, généreux, et donner tout ce qu'il a de dévouement.

Notre cœur à tous est en quelque sorte le canal du cœur de Dieu.

Ce cœur de Dieu est la source intarissable de toute affection. — C'est par nous qu'elle se communique au cœur de nos enfants... C'est nous qui devons être pour cette semence divine : la *chaleur* qui la fait germer — la *rosée* qui la féconde — le *rayon de soleil* qui la fait grandir et porter des fruits.

A une condition, c'est que : Nous aimerons comme Dieu — avec Dieu — pour Dieu.

Le démon, qui sait tout le bien que peut produire une affection sainte, cherche — ne pouvant encore lui donner quelque chose de mauvais — à lui donner quelque chose d'humain et de terrestre — et son premier soin est d'éloigner de l'esprit toute idée de danger.

N'oubliez pas cependant que chaque fois que votre affection pour une enfant vous fait même vaguement redouter le regard de Dieu — d'une de vos compagnes ou même d'une autre enfant, cette affection cache un danger.

« Je remplace la mère, dites-vous, je dois aimer autant que la mère... »

Autant que la mère, *oui;* de la même manière que la mère, *non*.

L'amour de la mère, béni et demandé par Dieu, c'est :

Le *dévouement* qui ne s'épargne ni le jour ni la nuit — qui est toujours prêt à sacrifier ses goûts, son repos, son bien-être — qui prie — qui s'ingénie à se rendre toujours plus capable de mieux faire et d'être plus utile.

L'*activité* qui cherche tous les moyens d'intéresser, d'instruire, de sanctifier, qui ne se lasse pas de recommencer et est toujours aux aguets pour trouver de nouveaux moyens...

La *vigilance* qui est toujours sur le *qui-vive* — qui est toujours dans une certaine anxiété — qui ne craint pas de descendre aux petits soins et aux minuties.

— Cet amour doit être le vôtre.

Mais, *caresses prodiguées* uniquement parce qu'elles vous procurent une jouissance à vous ou à l'enfant,

Soins exagérés pour rendre une enfant plus belle, plus aimable, même plus savante et plus pieuse,

Bonheur de garder près de soi, sans autre motif qu'une jouissance toute naturelle, une enfant qui nous plaît ou qui, disons-nous, nous a été recommandée,

Questions indirectes pour savoir si nos soins sont appréciés. — *Paroles affectueuses,* même pour rendre plus pieuse...

Voilà ce qu'une mère peut se permettre jusqu'à un certain point. — Une maîtresse doit se l'interdire...

Nous resterons dans la généralité... On va plus loin quelquefois.

Et il y a là pour vous :

Danger de perdre l'*esprit de piété.* — Voyez si vos prières sont aussi aimées qu'autrefois, si votre âme est aussi unie à Dieu — si soumise surtout,

Danger d'*affaiblir la vocation.* — Voyez si vous êtes aussi obéissante à votre règle, aussi confiante, aussi à l'aise avec vos supérieures,

Danger d'*affaiblir le caractère* de l'enfant préférée, et de la laisser grandir dans la sensualité,

Danger de *partialité*... Les autres enfants s'aperçoivent vite de ces amitiés particulières qu'on leur défend à elles; — leur estime et leur confiance envers la maîtresse diminuent — et un sentiment de jalousie naît dans leur âme...

Oh! priez donc le bon Dieu de vous faire aimer les âmes!

CHAPITRE QUATRIÈME

Récompenses que Dieu réserve à une bonne Éducatrice.

I

Récompenses! Ce mot, à première vue, vous fait sourire; et si, jeune encore, vous êtes dans toute la ferveur de votre dévouement, vous dites :

Oh ! je ne cherche pas de récompenses, je n'aspire :

qu'à me donner,
qu'à faire du bien aux enfants,
qu'à faire aimer et servir le bon Dieu.

Oui, c'est bien là le but principal qui vous a fait accepter la pénible mission d'éducatrice — mais pour vous, comme pour tout travailleur sur la terre, viendront des heures pénibles, des heures d'affaissement... et si vous ne voyez pas une petite étoile luire à votre ciel, vous vous découragerez.

Le bon Dieu ne vous laissera pas :

A votre *cœur*, il donnera la joie de l'amitié par la sympathie qu'il fera naître entre vous et quelques-unes de vos compagnes pieuses comme vous — et souvent aussi par l'affection simple et sincère que vous témoigneront quelques-unes des mères des enfants que vous élèverez, et quelques enfants elles-mêmes,

A votre *volonté* : Dieu donnera les joies du succès de vos élèves et de leur bonne conduite, qui vous dédommageront de vos peines multipliées,

A votre *intelligence* : les joies de voir vos connaissances se développer, se multiplier et à *votre vie entière* — la joie de vous sentir utile...

Ne cherchez pas trop ardemment ces joies, mais sachez jouir du bonheur et de la paix qu'elles vous donnent, et soyez-en reconnaissantes à Dieu...

Et dans vos heures de trouble, d'ennuis, d'insuccès, de découragement, sachez recourir à l'affection de celles de vos compagnes que le bon Dieu a attirées à vous et pour qui vous sentez le doux attrait de la sympathie...

II

Elevez vos pensées et vos espérances.

Pouvez-vous supposer que Dieu n'aura pas pour vous la reconnaissance et l'affection que le père a pour ceux qui soignent ses enfants et qui les aiment?

Vous avez renoncé pour lui à des joies saintes et légitimes, pour accepter une vie qui assujétit chacune de vos journées et chacune de vos œuvres.

Vous vous êtes imposé pour lui :

    un renoncement continuel,

    une vigilance presque surhumaine,

    un dévouement à toute épreuve,

    la privation de toutes ces fêtes auxquelles vous auriez pu assister, sans manquer à aucun de vos devoirs, mais qui auraient affaibli votre amour pour les enfants.

— *Dieu vous donnera la récompense des martyrs.*

Vous avez défendu contre le démon — aux dépens de votre repos — des âmes qu'il convoitait,

Vous avez ramené celles que le démon déjà avait attirées,

Vous avez ranimé celles qui semblaient déjà mortes,

Vous avez appris à connaître, à servir, à aimer le bon Dieu,

Vous avez fait aimer Notre-Seigneur Jésus-Christ, la bonne sainte Vierge,

Vous avez fait éviter le péché,

Vous avez préparé les âmes à recevoir pieusement la première Communion.

— *Dieu vous donnera la récompense des apôtres.*

Vous avez entouré des soins les plus tendres de pauvres enfants qui — quelques-unes, — n'avaient plus leur mère,

Vous les avez aimées de toute la force de votre charité,

Vous vous êtes fatiguées pour partager leurs jeux.

Vous avez souvent passé de longues heures à préparer ce qui pouvait leur être utile et même agréable.

— *Dieu vous donnera la récompense des mères.*

III

Elevez encore plus haut vos pensées et vos espérances.

L'âme pieuse, dévouée, participe à tous les biens dont elle a volóntairement posé la cause et qui lui sont dus en grande partie.

Or, si pendant dix ans, vingt ans, trente ans, vous avez — tous les jours — dans l'âme de plus de cent petits enfants, jeté comme une semence bénie, quelques-unes de ces paroles divines :

« Mon Dieu je vous aime,

Mon Dieu, vous êtes là, vous me voyez, vous m'aimez,

Enfant Jésus, je veux être bon comme vous,

Sainte Vierge, mère de Jésus, je vous aime de tout mon cœur. »

Croyez-vous que cette semence ne germera pas?

Croyez-vous qu'elle ne produira pas, dans un temps plus ou moins long. — quelques *pensées* qui retiendront dans la vertu — ou qui ramèneront une pauvre âme égarée?

Si pendant dix ans, vingt ans, vous avez, chaque année, préparé des âmes d'enfants à une bonne première Communion,

Si vous leur avez appris à prier — à obéir aux lois de Dieu et aux prescriptions de l'Eglise,

Si vous leur avez fait apprendre — comprendre — apprécier les enseignements du catéchisme,

Croyez-vous que le bon Dieu ne vous doit rien, Lui qui a dit : « Un verre d'eau froide donné en mon nom ne restera pas sans récompense? »

Ah! si la parole du moribond scandaleux : « Que d'âmes j'ai perdues! » est effrayante — qu'elle est douce à entendre la parole de l'éducatrice qui peut dire sur son lit de mort :

« Je vois, je vois de centaines d'âmes saintes qui viennent au devant de moi, et me disent : Soyez bénie, vous à qui nous devons d'être au Paradis. Venez, nous vous accompagnerons auprès du bon Dieu. »

IV

Trois sortes de personnes — disait le fondateur des Petits Frères de Marie — n'ont pas à craindre la mort :

celles qui aiment ardemment Jésus,

celles qui travaillent pour la gloire de Jésus,

celles qui souffrent pour Jésus.

Or, une éducatrice qui a du zèle fait tout cela.

Elle *aime* Jésus, puisqu'elle a tout quitté pour le faire aimer par les enfants,

Elle *travaille* pour Jésus, puisque son but principal est de le faire connaître et de le faire servir.

Elle *souffre* pour Jésus aussi. — Oh! elles sont longues, douloureuses, à peu près continuelles ses souffrances de cœur et d'esprit, produites par l'insouciance, la légèreté, l'inconduite des enfants.

Quelle joie, quel bonheur elle éprouvera quand le divin Sauveur lui montrera tous les actes de vertu qu'elle a pratiqués dans sa classe — toutes les leçons de catéchisme qu'elle a expliquées — toutes les prières qu'elle a fait apprendre — toutes les instructions qu'elle a faites — tous les bons avis qu'elle a donnés — tous les enfants à qui elle a fait éviter le mal — tous ceux qu'elle a préparés à de bonnes Communions — tous ceux à qui elle a donné un grand amour pour la sainte Vierge !

Oh ! quel tressaillement quand elle entendra les paroles de Jésus-Christ :

« Viens, viens, toi la bénie de mon Père, viens partager mon bonheur ! »

CONCLUSION

DE LA PREMIÈRE PARTIE DES NOTES PÉDAGOGIQUES :

La Formation de l'Éducatrice.

I

« L'éducation est un apostolat. — Elle est même un sacerdoce. »

Etonnante parole que celle-là.

Ecoutez comment la développe et la rend vivante, ce grand éducateur que fut Mgr Dupanloup.

Je ne crains pas de l'affirmer, le prêtre le plus saint et le plus dévoué aux âmes a souvent une influence moins étendue et moins profonde que l'éducateur, sur l'âme et la destinée de l'enfant.

La présence *du prêtre* au milieu des enfants est rare. Il n'a de rapports et des entretiens avec ces jeunes âmes que de loin en loin. — Il ne peut les suivre dans les diverses actions de leur vie.

La présence *de l'éducateur* est permanente auprès de ses élèves. Il tient pour ainsi dire dans ses mains toute leur existence — toute leur vie de chaque jour et de chaque heure — et, par là même, il a, avec eux, le commerce le plus fréquent.

Sans doute, le prêtre — dans la confession — répare le mal commis — et par ses conseils et surtout par la grâce du sacrement, relève l'âme, la fortifie, la fait rentrer dans le devoir — mais c'est à l'éducateur à la maintenir, cette âme toujours faible.

Ce que ne peut *le prêtre*, parce qu'il n'est pas toujours là — *l'éducateur* le peut à peu près toujours.

L'éducateur peut éloigner les occasions qui porteraient au mal.

Il peut faire réparer sur le champ une faute commise.

Il peut donner un bon conseil — arrêter une dispute.

Il peut faire pratiquer un acte de bonté, d'obéissance, de renoncement — il peut faire penser à faire plaisir au bon Dieu.

Il peut encourager, soutenir — venir en aide.

Il est l'auxiliaire le plus utile du prêtre...

L'éducation n'est pas une œuvre de spéculation, ni un métier — c'est un *apostolat,* c'est-à-dire elle a pour but de mener les âmes à Dieu.

L'éducateur n'est pas simplement un maître — oui certes, il est maître, mais il est *père :* il aime. — Il est *pasteur :* il remplit un ministère sacré. — Il est *apôtre :* Il se dévoue et s'oublie pour sauver les âmes.

Les enfants ne sont pas seulement des écoliers qu'on instruit — ce sont des âmes qu'on aime, qu'on élève pour Dieu et pour lesquelles on sacrifie ses soins, sa santé et même sa vie.

II

D'après ces quelques lignes et ce que nous avons dit dans la première partie de ce livre, vous voyez ce qu'exige de vertu, de dévouement, de tact, de prudence, de science, la vocation d'éducatrice.

Il ne suffit pas de jeter dans l'âme des semences de vertu. — Il faut les cultiver avec soin, avec intelligence, avec constance.

Il ne suffit pas d'enseigner des principes religieux, il faut les graver si profondément, qu'ils soient à jamais ineffaçables.

Il ne suffit pas de faire connaître la religion, il faut la faire aimer.

Il faut non seulement fortifier une nature faible, mais réformer une nature portée au mal.

Un maître, tel que Dieu le demande, doit avoir, dit le Père Champagnat :

une *autorité* qui accorde toute la liberté pour développer le caractère — mais qui refuse celle qui pourrait le gâter,

une *douceur* sans faiblesse,

une *sévérité* sans dureté,

une *gravité* sans rudesse,

une *complaisance* et une *bienveillance* sans familiarité,

un *désir ardent des succès*, tempéré par une patience que rien ne rebute et ne désespère,

une *vigilance* à laquelle rien n'échappe, avec une sagesse qui paraisse souvent ignorer,

une *réserve* qui ne nuise pas à la franchise,

une *fermeté* qui ne soit pas opiniâtre,

une *sagacité* à démêler les inclinations qui ne se laisse jamais apercevoir,

une *prudence* qui fasse connaître ce qu'on doit ou excuser ou punir et qui fasse saisir les moments favorables,

une *adresse* qui ne dégénère jamais en finesse et qui s'insinue dans l'esprit sans le révolter,

une *aménité* qui rende les instructions agréables sans leur ôter leur solidité,

une *indulgence* qui fasse aimer, jointe à une exactitude et à une justice qui fasse craindre,

une *condescendance* qui s'accommode aux inclinations sans trop les favoriser,

une *habileté à combattre* ces inclinations, les unes par les autres, — à *fortifier* les bonnes et à *affaiblir* les mauvaises,

une *prévoyance* qui prévient les occasions dangereuses,

une *présence d'esprit* que ne déconcertent ni les événements inattendus, ni les questions embarrassantes...

N'est-il pas vrai qu'après la lecture de ce tableau, on se dit : « Pour être bon éducateur, il faut être parfait? »

Mgr Borderie, évêque de Versailles, disait mieux :
« Il faut être un saint — or, ajoutait-il, pour être
saint, un éducateur n'a qu'à ne pas être ni hypocrite,
ni menteur — à faire ce qu'il dit — et à suivre lui-
même ses propres conseils. »

DEUXIÈME PARTIE

Formation de l'Institutrice.

Formation de l'Institutrice.

E mot *institutrice*, séparé du mot *éduca-trice*, semble indiquer seulement l'action d'une maîtresse s'occupant à former l'intelligence d'une enfant par les connaissances qui la mettraient directement à même de se rendre utile dans le commerce de la vie et la gestion des affaires.

Mais il indique réellement l'action réunie de l'éducatrice et de l'institutrice, agissant de concert dans la personne qui se dévoue à la formation intellectuelle d'une enfant.

Quand on dit d'une enfant qu'*elle a une institu-trice*, on veut toujours dire qu'elle a auprès d'elle une personne qui s'applique à former non seulement son intelligence, mais son âme — son cœur — son caractère.

Une éducation complète embrasse, nous l'avons dit, l'être humain tout entier.

C'est pour être plus précis et plus utile que nous avons indiqué séparément ce que doit être une *bonne éducatrice,* voulant par là forcer, en quelque sorte, celle à qui on a confié une enfant à ne jamais perdre de vue le côté surnaturel de son œuvre.

Dans cette seconde partie intitulée : *L'Institutrice,* complément nécessaire de la première partie, nous conservons dans les différents chapitres le mot ordinaire *éducation* — indiquant comment l'institutrice doit agir pour donner à son élève une formation complète.

Nous dirons ce que doit être et comment doit se donner :

L'*Education physique,*
L'*Education intellectuelle,*
L'*Education morale,*
L'*Education religieuse.*

CHAPITRE PREMIER

Éducation physique.

L'ÉDUCATION physique s'occupe :
    1° de fortifier le corps de l'enfant,
        d'affermir son tempérament,
        de le préserver de tout ce qui peut nuire à
        sa santé et à son développement.
    2° de le mettre à même — par son agilité, son
        adresse, sa dextérité, sa force — d'être utile
        à sa famille et à la société.

L'éducation physique accepte pour devise cette parole des anciens : « Une âme saine dans un corps sain. » — Le grand-père de Henri IV l'interprêtait ainsi : « Dans un corps mou et tendre, il ne loge ordinairement qu'une âme molle et faible. »

L'éducation physique semble être réservée à la mère.

C'est elle qui, par instinct et par devoir, se dévoue à soigner, à préserver, à développer, à garder le corps de ce petit être que Dieu lui a donné.

C'est vrai !

Mais vous, maîtresses de ces réunions de petits enfants, qu'on a appelées du nom si doux *d'écoles maternelles*,

Vous aussi, directrices de ces maisons dans lesquelles les mères viennent vous confier leurs filles à un âge plus avancé, mais demandant encore des soins maternels,

Ne sentez-vous pas que vous êtes, même à ce point de vue, un peu *mères?*

Et si votre amour pour les enfants n'a pas cette sensibilité naturelle qui le rend si ardent, — il a un caractère surnaturel qui met en vous un dévouement tout aussi fort et plus fécond en résultats utiles que le dévouement de la mère.

Former aux enfants un tempérament sain et robuste — les prémunir contre les causes d'affaiblissement et de maladies, c'est un puissant secours pour leur formation morale et intellectuelle.

L'éducation physique consiste dans l'application des règles de l'hygiène — science qui apprend à conserver, à améliorer et à rétablir la santé.

Elle s'occupe :

1° des influences qui agissent sur la santé du corps ;

2° de la culture des sens et des organes qui contribuent au bien-être de la vie ;

3° de la prévision et de la réparation des accidents qui paralysent l'action de la vie.

Nous parlerons sommairement de ce qui influe directement sur la santé — et de la culture des sens — deux choses du domaine de toutes les maîtresses — laissant à la mère et à la maîtresse chargée de veiller à la santé le soin spécial des maladies et des accidents, nous nous permettrons de leur recommander notre *livre des gardes-malades.*

I

INFLUENCES QUI AGISSENT SUR LE CORPS ET LA SANTÉ.

Ces influences ont pour cause :

L'air,
La chaleur,
L'exercice,
La lumière,
La propreté,
Les vêtements,
Les aliments,
Le sommeil.

L'Air.

1. L'air est indispensable à la respiration et par conséquent à la vie. — Il communique au sang la force qui lui est nécessaire.

On peut dire que comme le pain est la nourriture de l'estomaç — l'air est la nourriture des poumons.

La privation de l'air prolongée produit l'asphyxie, c'est-à-dire la mort.

L'impureté de l'air — c'est-à-dire l'air mélangé de matières qui l'altèrent et lui ôtent sa limpidité et sa puissance de vie — cause de graves maladies et même la mort.

L'air *peut être empoisonné;* et, reçu ainsi dans les poumons, il empoisonne.

2. L'air est vicié :

1° par la respiration de l'homme, des animaux, des plantes,

2° par les émanations qui s'échappent des corps,

3° par les vapeurs ou gaz qui se dégagent des matières en fermentation ou en décomposition : (eaux croupies, fumiers, lieux d'aisance) — des mares, des égouts, des usines, des écuries, des étables, des cuisines...

L'air se vicie aussi rapidement dans les chambres où sont réunies plusieurs personnes — dans les chambres à coucher ou dortoirs surtout — par les différents appareils d'éclairage...

3. De ces faits constatés par l'expérience, il faut prendre les précautions suivantes :

1° Renouveler fréquemment l'air des habitations soit par les portes ou les fenêtres — soit par les feux des cheminées — soit par des soupiraux et des ventilateurs.

2° Ne pas rester enfermés en trop grand nombre soit le jour, soit la nuit, dans une même pièce, surtout si l'air ne peut pas être facilement et abondamment renouvelé.

3° Ouvrir largement toutes les portes et fenêtres des classes, après la sortie des élèves.

4° Ne pas balayer une classe sans jeter sur le parquet de la sciure de bois imprégnée d'eau, pour ne pas remplir la salle de poussière.

5° Pendant l'hiver, maintenir sur le poêle un vase rempli d'eau, qui s'évapore et entretient une utile humidité dans l'atmosphère — il est utile de mettre dans l'eau un peu de goudron.

Il serait bon de ne pas conserver les *caoutchoucs* qu'on met sur les souliers — les quitter à l'entrée de la classe et les reprendre en sortant.

L'air trop froid empêche le travail.

L'air humide engendre des affections pulmonaires.

L'air trop chaud énerve — chaud et sec, il dessèche les organes respiratoires.

15

6° Planchéier le parquet autant que possible ; mais il faut alors plus de précautions pour éviter la poussière.

7° Ne pas vivre et surtout ne pas coucher dans une chambre où se trouvent des fleurs odorantes. — Des arbustes aux feuilles nombreuses et sans fleurs assainissent un appartement.

8° Ne pas habiter trop tôt une maison nouvellement bâtie ou une chambre nouvellement peinte — une chambre à coucher devrait être blanchie à la chaux, plutôt que tapissée — les tapisseries à couleur verte peuvent être dangereuses.

9° La vie au *grand air*, le *bain d'air*, dit le docteur Fonsagrive, est la condition de toute éducation virile.

La Chaleur.

1. La chaleur soit naturelle soit artificielle, est, à un certain degré, nécessaire à la santé et à la vie.

Mais là, point d'excès... S'habituer, dans la jeunesse, avec prudence sans doute et moyennant certaines précautions, à endurer le froid et le chaud, est un moyen pour devenir robuste...

2. Voici quelques conseils pratiques :

1° *Chaleur naturelle.* — Ne pas s'exposer brusquement à des températures différentes.

Ne pas braver — sans transition — les variations subites de l'atmosphère — et ne pas sortir d'un local chauffé, pour passer en plein air, sans s'envelopper au moins le cou et se couvrir la tête si elle est nue.

Ne pas *tout de suite* alléger les vêtements quand on est en sueur.

Ne pas boire trop frais quand on est fortement altéré — boire par petites gorgées, qu'il faut laisser quelques minutes dans la bouche.

2° *Chaleur artificielle.* — Celle que procure le feu du poële ou de la cheminée.

Employer de préférence le feu de cheminée au feu du poële — ce qui est difficile dans les écoles. — Maintenir toujours de l'eau sur le poële, comme nous l'avons dit.

Ne jamais fermer la clef du poële avant que le feu soit complètement éteint.

Se méfier de la vapeur du charbon de bois — et de la braise dans les réchauds.

Se précautionner contre le feu des chaufferettes, qu'il faut toujours couvrir d'une couche de cendre.

Dans une salle chauffée, ne pas rester la tête fortement couverte, ni le cou enveloppé d'un cache-nez.

Laisser les manteaux à la porte d'une classe pour les reprendre en sortant.

3° Il est nécessaire de se rendre compte du degré de température, pendant l'hiver, dans les pièces chauffées. Elle ne doit pas dépasser 15 ou 16 degrés centigrades. — Plus élevée, elle détermine des maux de tête, prédispose à des refroidissements par suite des transitions inévitables du chaud au froid.

4° Un des points les plus pratiques est celui qui concerne le froid aux pieds.

L'expérience révèle les suites funestes de cet état, — et une maîtresse attentive doit le faire cesser immédiatement soit par une chaufferette *à eau chaude*, plutôt qu'à charbon allumé, même recouvert de cendres — soit le plus possible par *des sauts dans la cour.*

L'Exercice.

1. L'exercice est le mouvement accordé aux membres :

pour éviter l'application trop longue de l'esprit qui serait nuisible,

pour donner aux membres la souplesse et la vigueur dont ils ont besoin,

pour activer et régulariser la circulation du sang et pour assurer la santé.

L'exercice est la diversion la plus utile pour faire cesser toute fatigue de tête — et le temps accordé au corps, *pour se détendre,* profite plus pour l'étude que le même espace de temps, sans interruption, donné à un travail intellectuel.

Une longue contention d'esprit *nuit* à la santé — et au développement de l'intelligence — elle dégoûte même du travail.

2. Toute classe durant plus de deux heures, sans interruption, doit être proscrite, et même dans les classes de deux heures,

il faut introduire quelques moments de récréation — au moins quelques lectures amusantes.

Dans les classes de petits enfants, il est bon de les faire sortir tous les trois quarts d'heure au moins et de les faire marcher au pas gymnastique en chantant un joyeux refrain.

Ces moments de repos — si bien appelés *récréations*, parce qu'alors la vie se montre plus active — doivent être employés à des exercices corporels, et jouent un grand rôle dans la vie des enfants.

Ils constituent une gymnastique naturelle qui contribue à leur bonne santé et au développement de leurs forces.

Les jeux qui mettent tout le corps en mouvement, tels que *les barres, les cerceaux, la corde, les rondes, la raquette, le volant...* sont de précieux exercices.

Les jeux donnent :

La vigueur et la souplesse aux membres,
L'appétit à l'estomac,
Un sang vigoureux aux veines,
La puissance à l'esprit,
La joie au cœur.

Courez donc, enfants, dansez, sautez, soyez agiles, jouez avec entrain et bonne humeur sans perdre une minute de vos récréations (de Clèves).

Les jeux, dans les écoles, sont les grands protecteurs de l'innocence. — Il y a toujours un peu à se méfier des jeunes filles qui ne veulent pas jouer et préfèrent causer et promener à deux — ce qu'on ne doit pas permettre.

Le jeu! dit Legouvé, ce mot devrait être inscrit en lettres d'or dans le décalogue de l'enfance. C'est le synonyme de santé, de gaîté, voire même de bonté.

Comme après une bonne heure de jeu vivant, animé, on se sent vivre — on a la tête libre de tout souci! Je ne comprends pas que les anciens qui élevaient des temples à la jeunesse, à la beauté, à la force, n'aient pas consacré un autel à la gaîté...

Comme conseil hygiénique, après un jeu fatigant, ne supprimez pas tout d'un coup la transpiration — ne plongez pas vos mains dans l'eau trop froide — ne buvez pas avec avidité, laissez un moment dans votre bouche, avant de l'avaler, la gorgée d'eau qu'on vous présente. — Evitez les courants d'air. — Continuez même à prendre quelque mouvement, mais avec calme.

Pour les grandes filles, c'est la *marche* proprement dite qu'il faut pratiquer. Les longues promenades sont nécessaires.

Un exercice utile et agréable est le *jardinage*. — Heureux les pensionnats qui peuvent mettre, à la disposition des élèves, un petit terrain que chacune d'elles pioche, ratisse...

La Lumière.

1. La lumière est indispensable à l'entretien et à l'épanouissement de la vie.

Voyez les plantes, les fleurs, les fruits, placés à l'ombre et dans l'obscurité, comme ils s'étiolent et perdent leur couleur, leur vigueur, leur saveur même.

Il en est ainsi pour l'homme.

La privation de la lumière détermine en lui la faiblesse des sens — les maladies de poitrine — l'affaissement de l'intelligence...

2. Conseils pratiques :

1° *Lumière naturelle*. — Celle du jour et du grand soleil — c'est la bonne celle-là.

Laissez donc entrer le soleil autant que possible dans les salles après le départ des enfants.

Se promener en des endroits bien éclairés et bien aérés, après un séjour dans des salles où ne pénètre pas le soleil. — C'est ce qu'on appelle des *cures de lumière*.

Choisir, quand c'est possible, des habitations à l'est et au sud plutôt qu'à l'ouest et au nord.

Avoir de larges fenêtres et des rideaux qui mesurent la lumière.

La lumière tombant de haut est préférable à toute autre.

Les tables à écrire doivent être placées de manière à ce que le jour venant de la fenêtre éclaire directement les mains — et projette l'ombre à droite.

2° *Lumière artificielle.* — C'est l'éclairage.

Préférer une lampe à une bougie, mais toujours — couvrir l'une ou l'autre d'un abat-jour qui empêche la clarté de rayonner directement sur les yeux — et la fasse tomber sur le travail qu'on fait.

Autant que possible, que la lampe ne soit pas au niveau du travail, mais en dessus.

Les clartés trop brillantes données par le gaz et les appareils perfectionnés — fatiguent la vue; et pour les jeunes filles éviter un travail de couture trop délicat pour ces heures de lumière qui demandent une grande application de la vue.

Précautions à prendre pour la visite des tuyaux et des robinets de gaz. Veiller à la moindre *fuite* et à la fermeture du compteur. — Quelqu'un de spécial doit être désigné pour allumer et éteindre le gaz.

La Propreté.

La propreté est la gardienne de la santé.

Notre peau est le siège d'une transpiration continuelle qui, à travers les pores, laisse filtrer une matière visqueuse à laquelle s'attache la poussière ;

de là, des démangeaisons, des dartres... et arrêt de la transpiration, d'où résultent des plaies causées par le sang qui ne circule plus...

La propreté s'étend à tout :

1° *A l'habitation,* qu'il faut toujours entretenir dans un état qui repose l'œil.

Parquets, corridors, escaliers toujours balayés et sur lesquels on ne laisse rien traîner.

Murs de classe, ou revêtus d'une tapisserie bien tendue — ou mieux, pour une classe, resplendissants d'une blancheur un peu bleuie pour ne pas fatiguer les yeux — et présentant une galerie de cartes, de tableaux, de collections d'images qui attirent l'attention.

Dortoirs, lingerie, qu'on peut visiter dès la première heure et dans lesquels on verrait tout en ordre.

2° *Aux vêtements,* qui doivent toujours reposer l'œil, moins par leur richesse, leur élégance et leur arrangement fait avec goût, que par leur absence de toute tache et de toute déchirure.

3° *Au corps,* que des ablutions fréquentes à l'eau froide plutôt qu'à l'eau chaude rendent plus fort, plus agile et plus robuste — et pour lequel les maîtresses exigent des soins minutieux — s'obligeant à faire, chaque jour et pour chaque élève, ce qu'on appelle *la visite de propreté...*

La propreté influe beaucoup sur la santé, sur le bien-être et, ce qui est plus précieux encore, sur la pureté du cœur. Celui qui s'habitue à être propre dans les choses extérieures, sera plutôt porté à la pureté de cœur et tâchera de la produire en lui, plus qu'il ne l'aurait fait sans ces habitudes de propreté extérieure.

Les Vêtements.

Les vêtements par leur tissu et par leur forme, contribuent puissamment à la santé.

Voici quelques conseils :

1° *Climats.* — Dans les climats froids, porter des vêtements de laine ou de pelleterie,

dans les climats tempérés : vêtements de coton ou de laine,

dans les climats chauds : vêtements de lin ou de chanvre.

2° *Saisons.* — Prendre de bonne heure les vêtements d'hiver et ne les quitter que tard, surtout si
on n'est pas d'une santé robuste.

En été, employer des étoffes de couleur claire,
qui renvoient la chaleur et la lumière.

En hiver, employer les étoffes de couleur noire ou
foncée, qui absorbent et conservent la chaleur.

3° *Cas particuliers.* — Ne point laisser sécher sur
le corps des vêtements humides.

Ne porter aucun vêtement trop serré, qui gêne la
liberté des mouvements et le cours du sang : crava-
tes, jarretières, corset, chaussures, en un mot, des
habits trop étroits.

Se couvrir *plutôt plus que moins* à cause des
variations atmosphériques.

Se tenir les pieds chauds et la tête peu couverte
— pendant le jour et pendant le sommeil.

Viser *au bien-être* plus qu'à la *coquetterie* — ce qui
n'empêche pas l'élégance.

Les Aliments.

Les aliments doivent être :
    Bien choisis,
    Bien variés,
    Bien préparés,
    Bien présentés,
    Bien mastiqués,

et assaisonnés d'un peu de gaîté. — Les morceaux *caquetés* sont toujours bien digérés.

Ces axiomes résument à peu près ce qu'il est utile de savoir sur les aliments.

Voici quelques conseils pratiques de Fénelon :

Réglez les repas de votre enfant — en sorte :

> qu'il mange toujours à peu près aux mêmes heures,
>
> qu'il mange assez souvent, à proportion de ses besoins,
>
> qu'il ne mange point hors de ses repas parce que c'est surcharger l'estomac pendant que se fait la digestion.
>
> qu'il ne mange rien qui l'excite à manger au delà de son besoin et qui le dégoûte des aliments ordinaires.
>
> qu'on ne lui serve pas trop de choses différentes...
>
> qu'on l'habitue, petit à petit, *à manger de tout.*

Le Sommeil.

Le sommeil si indispensable à la conservation et au renouvellement des forces, doit être mesuré à l'âge, à la faiblesse, à la fatigue, à la saison, au climat...

En principe les médecins demandent :

> pour les enfants au moins 10 heures de sommeil,
>
> pour les femmes 8 heures,
>
> pour l'homme occupé et valide 6 à 7 heures.

Ils donnent les prescriptions suivantes :

Se coucher tôt et se lever de bonne heure.

Rarement dormir pendant le jour.

Eviter les rideaux trop épais autour du li: -- le laisser libre, si c'est possible, et ne pas l'enfoncer dans une alcôve.

Pas de fleurs — pas de brasiers mal éteints dans la chambre à coucher.

Pas de repos dans une chambre récemment plâtrée ou vernie.

Ne pas dormir exclusivement sur le même côté — commencer par se coucher sur le côté droit.

Pas de couche trop molle...

Il est bon, dit Mme Campan, de fatiguer un peu les enfants vers la fin de la journée — (c'est dans les pensionnats *la récréation du soir*) — et de leur faire prendre quelques minutes de repos avant de les mettre au lit — (c'est la prière du soir faite posément). La *fatigue* amènera le sommeil; le *repos* rendra ce sommeil calme.

— Il faut, ajoute cette éducatrice, faire lever les enfants dès qu'ils sont éveillés.

II

CULTURE DES SENS ET DES ORGANES PAR LESQUELS ILS CONTRIBUENT AU BIEN DE LA VIE.

Nous disons ce mot *culture des sens,* parce que les sens peuvent se fortifier — se développer — s'améliorer, comme se fortifient, se développent et s'améliorent les facultés de l'âme.

Il ne faut pas confondre les sens, c'est-à-dire la vue, l'ouïe, l'odorat, le goût, le toucher, avec les organes des sens — c'est-à-dire les yeux, les oreilles, le nez, la langue et le palais, le corps tout entier et particulièrement les mains.

Les *sens* sont des *facultés sensitives* de l'âme s'exerçant par des organes.

Les *organes* sont les instruments matériels au moyen desquels l'âme est mise en rapport avec le monde extérieur.

Les sens se perfectionnent :
    par l'exercice,
    par l'expérience,
    par le raisonnement.
C'est ce qu'on appelle l'éducation des sens.

On apprend à voir, à entendre, à toucher...

La peinture, la musique, l'architecture, tous les arts supposent une éducation particulière des sens.

Tous les sens ne se prêtent pas à un égal développement de la part de la maîtresse. — Elles ont peu d'action, par exemple, sur le *goût* et l'*odorat*, sauf peut-être, dans certaines occasions que leur fournissent les *leçons de choses*.

Mais trois sens et trois organes des sens doivent attirer spécialement leur attention :

La vue. — L'ouïe. — Le tact.

1° *La Vue.*

La vue a pour fonction la perception de la lumière — et par là : la forme, la couleur, l'étendue des objets.

Elle a pour organe l'œil qui demande des soins particuliers.

1. Il faut protéger cet organe, par des moyens préventifs, contre la *myopie* (vue courte, qui ne distingue les objets que de près). — Cette infirmité est causée souvent :

par la mauvaise disposition des tables à écrire surtout, qui devrait recevoir le jour du côté gauche, de manière à ce que l'ombre de la main ne se projette pas sur l'endroit où l'on écrit, par l'emploi de livres à caractères ou trop pâles ou trop fins, qui obligent à forcer la vue et à trop ouvrir l'œil,

par l'insuffisance ou le trop d'éclat de lumière, qui devrait venir *d'en haut* plutôt que par côté,

par les études prolongées ou le travail de couture ou de broderie trop fin et trop appliqué.

2. Il faut former cet organe en apprenant à l'enfant :

à distinguer les couleurs et leurs nuances,

à apprécier les distances et leur degré,

le relief des objets,

la direction des lignes,

les effets de perspective,

à tracer, d'après les objets placés devant les yeux, des lignes droites, courbes, fuyantes, rentrantes — des cubes, des figures plus ou moins compliquées, dessins de chaises...

3. Il faut soigner cet organe par des lotions soir et matin, indiquées par le médecin,

par des verres proportionnés à la faiblesse ou à la fatigue — mais toujours indiqués par le médecin.

2° *L'Ouïe.*

L'ouïe a pour fonction la perception des sons — elle a pour organe *l'oreille.*

Il faut développer cet organe qui nous rend dans la vie tant de services pratiques et qui est la source de si vives et de si pures jouissances.

Il faut apprendre à l'enfant à distinguer par la comparaison et par l'impression reçue :

    la nature des bruits et des sons,

    leur lieu d'origine,

    leur intensité — leur acuité — leur distance,

    le temps qu'ils mettent à nous parvenir.

Il faut stimuler le goût de l'enfant par des mélodies, des chants variés... fréquemment entendus — redits par lui — lui en faire apprécier la beauté, l'harmonie...

Il faut appliquer l'enfant à une prononciation correcte, harmonieuse — la corriger de balbutiement, de bégaiement, de blésité... La parole *articulée*, *chantée, syllabée*... finit par redresser, en général, ce qu'il y a de défectueux en elle.

L'oreille a besoin d'être entretenue dans un état de propreté par des lotions d'eau tiède. — L'introduction de corps étrangers dans l'oreille, le froid aux pieds, les coups à la tête nuisent à l'ouïe...

3° *Le Tact.*

Le tact a pour organe *la main*, et au point de vue de l'influence sur la vie, il *tient le premier rang*. — L'homme, dit saint Thomas, a le sens du toucher plus parfait que tous les autres animaux — et les hommes qui ont *un tact, un toucher* plus délicat, ont aussi une intelligence plus parfaite:

Le tact tient le premier rang, au point de vue matériel et même intellectuel. — On a vu des aveugles produire par leurs mains des œuvres remarquables.

Pour le plus grand nombre d'enfants, la force et l'habileté des mains, seront un gagne-pain et une source d'aisance.

Il faut donc exercer la main de l'enfant :

    par le tracé de lignes et de figures sur l'ardoise,

    par des combinaisons architecturales à l'aide de cubes.

    par la couture, la broderie, la coupe des vêtements.

    par les travaux de menuiserie, de modelage.

    par le dessin qu'il faut commencer de bonne heure...

... Les aveugles, *par le toucher seul,* apprécient les formes et se montrent susceptibles d'émotions artistiques...

— N'oublions pas que l'utilité et la dignité des sens, viennent de la raison qui les guide...

CHAPITRE DEUXIÈME

Éducation Intellectuelle.

L'ÉDUCATION intellectuelle consiste dans le développement et la direction des facultés par lesquelles l'âme voit, apprend, connait, apprécie toute chose.

Ces facultés permettent à l'intelligence de s'enrichir, de se perfectionner elle-même et d'être utile aux autres.

L'intelligence ne doit pas être surchargée ni surmenée. Il faut l'enrichir, nous l'avons dit, mais avec goût, avec mesure, avec ordre, avec désir d'utiliser ce qu'elle apprend.

Tout savoir, est le désir ambitieux d'un esprit malade qui devenu, par là, *un dictionnaire vivant,* peut répondre à tout, mais sans jugement — sans promptitude pour comprendre — sans clarté pour communiquer sa pensée.

Son intelligence a été remplie; elle n'a été ni formée ni élevée. Elle ne sait pas donner.

La nécessité de ne pas séparer l'éducation de l'instruction se fait comprendre ici surtout : L'instruction amasse dans l'intelligence; l'éducation apprend à mettre à profit, ce qui a été amassé.

Nous allons dire :
1° *Ce qu'on entend par facultés,*
2° *Quelles sont les facultés de l'intelligence,*
3° *Comment se développent et s'utilisent ces facultés.*

I

CE QU'ON ENTEND PAR FACULTÉS.

On entend par *faculté,* une puissance qui rend un être capable de faire quelque chose, d'agir.

Le nom de *faculté* est spécialement attribué à l'âme. — La matière n'a que des *propriétés* — des *dispositions à subir des modifications.*

L'âme pense, sent, veut, agit...

La matière est ronde, carrée, dure, elle est inerte, elle n'agit pas, elle ne sent pas....

Le résultat d'une *faculté* s'appelle *acte*, cet acte peut être *extérieur* quand il se manifeste par les sens et les membres, qui sont pour l'âme ce qu'est un instrument pour le physicien.

Cet acte peut être intérieur, quand il se produit dans l'âme elle-même, comme *penser, raisonner....*

— Ces notions sont exposées dans la *Psychologie* (science de l'âme), qu'une maîtresse devrait étudier, au moins sommairement.

II

FACULTÉS INTELLECTUELLES.

L'intelligence possède six facultés ou six puissances d'action :

La perception. — *L'attention.* — *La mémoire.* — *L'imagination.* — *La raison.* — *Le jugement.*

Nous allons sommairement les indiquer. — Nous les développerons ensuite.

Première faculté de l'intelligence :

La perception.

La perception est la puissance que possède l'intelligence de connaître d'une manière générale :

1° Ce qui se passe hors d'elle.

Elle le connaît par une sensation produite en elle, au moyen des sens.

Tout ce qu'on voit, tout ce qu'on entend, tout ce qu'on touche, est plus ou moins clairement perçu par l'intelligence.

2° Ce qui se passe en elle.

Elle le connaît par un sens intime que Dieu lui a donné et qui l'impressionne, par les idées du beau, du bien, du mal, du devoir....

L'âme ne se conçoit pas sans cette puissance.

Deuxième faculté de l'intelligence :

L'attention.

1° L'attention est la puissance que possède l'intelligence de fixer en elle — avec plus ou moins de durée — les impressions reçues par la perception.

L'attention, c'est l'application volontaire de l'esprit sur ce qu'il a vu et senti.

Elle regarde, elle étudie dans leur cause, dans leur effet... les impressions ou sensations produites par la perception, et parvient ainsi à mieux les connaître.

2° De l'attention naît la *réflexion* qui, plus ou moins, examine en détail ce que l'esprit s'est appliqué à voir, et peut ainsi avoir des idées plus claires, plus vraies, plus complètes.

Sans attention et sans réflexion, on apprend peu —
et le peu qu'on apprend, on ne sait pas s'en servir.

L'attention exige un effort que l'enfant fait d'abord
avec peines; mais cet effort, il faut l'exiger. —
L'habitude le facilite, et le résultat donne grande
joie à l'esprit.

L'attention recueille les moindres *paillettes* qui
peuvent être utiles. *L'inattention* laisse tomber à
terre l'or et les pierres précieuses.

Troisième faculté de l'intelligence :
La mémoire.

La mémoire est la puissance que possède l'intelligence de graver en elle pour le conserver et le
retenir... ce qu'elle a vu, ce qu'elle a senti, ce que,
surtout, elle a examiné avec attention.

La mémoire est d'une grande utilité. Elle est
nécessaire à toutes les facultés qui, sans elle, ren-
draient nulles à peu près toutes les actions de la vie.

Sans mémoire, point de fécondité d'esprit, point
d'étendue de jugement, point de richesse de style ni
de puissance de parole.

Quatrième faculté de l'intelligence :
L'imagination.

L'imagination est la puissance que possède l'intelligence qui a vu — qui a examiné — qui a gravé en

elle les trésors qu'elle a amassés — de se les représenter sous une forme plus ou moins vivante, animée — et plus ou moins brillante.

L'imagination peut même créer des images représentant des êtres qui n'existent pas réellement.

Cinquième faculté de l'intelligence :

La raison.

La raison est la puissance que possède l'intelligence de chercher et de découvrir dans tout ce qu'elle a vu, examiné, appris — ce qu'il y a de vrai, de bon, d'utile... — quelle en est la valeur réelle ou relative, quelles en sont les causes, les effets....

La raison prend des noms divers, selon le point de vue où on la considère. Elle s'appelle : conscience, sens commun, bon sens.

Sixième faculté de l'intelligence :

Le jugement.

Le jugement est la puissance que possède l'intelligence de comparer ce qui se présente à elle comme étant la vérité, avec d'autres vérités, parfaitement et sûrement connues — et de n'accepter ce qu'elle ne connaît pas, qu'autant qu'il y a conformité complète avec ce qu'elle connaît.

Le raisonnement et le jugement sont étudiés dans le *Traité de Logique*. — Nous ne donnons ici que des notions très générales.

III

DÉVELOPPEMENT ET APPLICATION DES FACULTÉS DE L'INTELLIGENCE.

C'est lentement — c'est avec délicatesse et avec méthode — c'est, peu à la fois, que nous devons développer et cultiver les facultés intellectuelles de l'enfant.

Nous n'avons pas, — aux premières années — à faire de lui un *savant* ni un *petit prodige* — mais simplement : à épanouir son intelligence, à l'éveiller en quelque sorte, à la rendre curieuse, — à faire venir sur ses lèvres de multiples : *Pourquoi?*

à lui donner des idées claires sur chaque chose,

à exciter en lui le désir de voir, d'examiner, de raconter, de juger, de savoir pour bien faire, de parler avec ordre, avec clarté, avec utilité...

... N'écrasons pas l'esprit de l'enfant sous un monceau de connaissances. — Modérons ce qu'il y aurait de *trop appliqué* chez quelques-uns — et prenons garde au dégoût et à la satiété qui viennent vite...

Première et deuxième facultés :

Perception et attention.

L'attention est bien difficile à obtenir des enfants. — Elle est cependant indispensable.

Pour savoir, il faut :

Voir — Regarder — Observer — Écouter.

Et, pour amener l'enfant à ces actes différents — il faut employer une foule de moyens. — Tout peut y contribuer :

Le son de la voix,

La parole animée,

Les interrogations fréquentes,

L'intérêt de la maîtresse à tout ce que fait ou dit un enfant...

L'enfant aime à montrer son savoir — donc, interrogez-le sur *ce qu'il sait* pour lui donner occasion d'être applaudi et encouragé.

L'enfant aime *le changement*, ne prolongez pas trop un même exercice.

L'enfant aime *les histoires* — les histoires merveilleuses, surtout — ayez-en une grande provision... faites-les désirer — interrompez-les au meilleur endroit — excitez sa curiosité.

L'enfant aime *a interroger* — provoquez les questions. — Récompensez les enfants qui en font de bien difficiles.

L'expérience d'une maîtresse dévouée lui fera trouver une foule de moyens... d'intéresser et de captiver son auditoire.

L'important, est de faire aimer la classe, de l'entretenir vivante, de la faire désirer.

Nous ne pouvons ici, entrer dans beaucoup de détails, qui sont du ressort des *manuels* et des livres de *rédaction*.

Quelques mots seulement pour venir en aide à la maîtresse.

1° *Avec les plus petits enfants.*

Aller toujours du connu à l'inconnu.

Mettre sous les yeux des enfants avec une méthode très simple, sans encombrement, et un peu chaque jour,

Ce qui se voit :

    dans la classe,
    dans une église,
    dans un salon, une chambre,
    dans une salle à manger,
    dans la cour de récréation,
    dans la rue...

Dire le nom de chaque objet — en indiquer la forme, la couleur, les différentes parties,

La matière dont il est fait,

La personne qui l'a fait,

L'utilité de chacun d'eux... etc., etc...

L'esprit est comme un miroir qui reflète tout ce qu'on met devant lui — de plus il a la puissance :

1° de laisser pénétrer en lui les images qu'il reflète, s'il s'applique à les regarder, à se rendre compte de leur nature, de leur couleur, de leur forme,

2° de conserver l'empreinte de ces images,

3° de pouvoir ensuite, par la parole ou par la plume, les reproduire.

Une classe doit être parée de tableaux artistement faits — attirant l'attention des enfants — expliqués par la maîtresse qui doit demander de reproduire, de temps en temps, cette explication.

2° *Avec les adolescents.*

L'application de l'esprit, se fait non plus seulement sur des *objets matériels*, mais sur une *pensée*, un *mot*, une *suite de pensées*.

Tout mot — si c'est un *verbe*, éveille une *action*. L'esprit la voit, il peut la transcrire.

Si c'est un *nom* — ce nom éveille un *sujet*, un être qui agit ou qui supporte. L'esprit le voit, il peut dire ce qu'il voit...

Est-ce que les verbes *lire* — *écouter* — *consoler*... n'éveillent en vous aucune idée ?

Ne pouvez-vous pas sur chacun d'eux, et sur tout autre verbe, indiquer *l'action* qu'ils représentent ? — celui qui fait cette action ? — comment il fait cette action ? — le motif qui le fait agir ? — le résultat de cette action ?...

Nous avons traité ce mode de travail dans notre *livre de la composition.*

A mesure que se développe l'intelligence et se forme le goût — l'attention doit se porter sur les beautés littéraires d'une page choisie par la maîtresse :

Beautés dans les pensées elles-mêmes,

Beautés dans la manière de présenter ces pensées,

Beautés dans l'ensemble de la page choisie.

C'est ce qu'on appelle *analyse littéraire.*

La *composition* devrait être un travail à peu près quotidien.

Nous ne pouvons ici que renvoyer aux ouvrages nombreux qui donnent, avec méthode, des *sujets de composition.*

La lecture à haute voix doit être aussi journalière — mais non pas seulement comme passe-temps. —

à moins de quelques lectures amusantes et récréatives données comme récompense d'un travail bien appliqué — mais comme *ensemencement d'idées*.

Suspendez quelquefois la lecture, pour montrer ce qu'elle a de beau et d'utile.

Savoir *éveiller* le désir de voir, chez un enfant,

Savoir *attirer* l'attention d'un enfant,

Savoir *captiver* cette attention,

est un des principaux éléments de succès.

Troisième faculté :

La mémoire.

La mémoire, avons-nous dit, est la faculté qui conserve, pour les retrouver, les images des objets que nous avons vus — et qui, par cette vue, ont laissé en nous ces images, selon le degré d'attention apporté.

Or, une image peut, sur un mur, être dessinée légèrement avec un crayon ou gravée profondément avec un poinçon.

Le dessin au crayon disparaît vite ; c'est la simple vue.

Le dessin gravé reste longtemps — c'est l'application de l'esprit sur la chose vue, c'est l'attention qui peu à peu fait pénétrer l'image dans l'esprit.

L'œil matériel voit, passe outre, il oublie...

L'œil intérieur (appelé attention), regarde et possède, par là, comme une *puissance spongieuse*, qui attire tout ce qu'il regarde et peut le conserver....

Sans mémoire, point ou peu de fécondité d'esprit — point ou peu d'étendue de jugement — point ou peu de richesse de style ou de puissance de parole.

Il faut donc enrichir la mémoire.

La mémoire s'enrichit :

1° *Par l'attention.*

L'attention est le secret de toutes nos connaissances. — Il faut donc l'exciter, la soutenir, l'entretenir, soit par *la curiosité*, soit par *l'utilité*.

Engageons les enfants à chasser toute distraction, pour un temps peu prolongé, à cause de la mobilité de leur esprit — à ne regarder que leur livre — dans ce livre, que les mots qu'on leur a donnés à lire et à retenir — dans ces mots, que le sens qu'ils présentent.

Et ces mots, avec leur sens, se refléteront dans la mémoire.

2° *Par l'exercice et par la répétition.*

L'exercice, c'est-à-dire la fréquence du même travail et du même genre de travail, rend ce travail facile — mieux fait — et donne joie et profit au travailleur.

Tout début a ses difficultés — essayons de les surmonter.

Donnons à l'enfant quelques lignes seulement à apprendre — une seule si on veut, mais qui dise quelque chose à l'esprit : un proverbe, une sentence, un conseil, un mot qui récrée — le plus possible cadencé (un vers isolé).

Exigeons le *mot à mot* rigoureux.

Faisons plusieurs fois redire la sentence ou la leçon apprise — faisons la chanter s'il le faut — à la fin de la semaine, ou même tous les jours, demandons qu'on *redise* tout ce qui a été appris.

On a imprimé de petites fables de quatre lignes... donnons-les à apprendre. — La cadence de la poésie aide la mémoire.

Mettons *en questions* les éléments de la religion — de la morale....

...Faisons aimer nos leçons : elles seront vite sues. — C'est ce qu'on appelle apprendre par cœur, c'est-à-dire avec entrain et avec goût.

N'oublions pas cet axiome :

On ne sait bien que ce qu'on a retenu — on n'a bien retenu que ce qu'on a bien appris — on n'a bien appris que ce qu'on a souvent répété.

3° *Par la méthode.*

La méthode la plus simple pour enrichir la mémoire, est celle que nous venons d'exposer. — Dire peu à la fois et le bien dire.

Le faire *répéter* lentement.

Le faire *redire* plusieurs fois et à différents moments.

C'est la méthode de la mère....

Nous indiquons, — comme simple curiosité, — les différentes méthodes connues sous le nom de *Mnémotechnie.*

C'est très ingénieux — utile à quelques esprits, mais ne peut être employé en classe que comme *amusement.*

La mnémotechnie peut rendre des services pour retenir une date, un mot, un nom, quand il y a analogie entre le mot et l'idée.

Ce qui est utile, ce sont :

Les *questions* et les *sous-questions* qui amènent progressivement l'enfant — d'une chose qu'il connaît parfaitement à une autre chose qu'il ne connaissait que vaguement....

C'est l'axiome indiqué au début : « Aller du connu à l'inconnu par gradation. »

C'est la méthode appelée *Socratique,* parce qu'elle fut employée par ce philosophe : et nous l'admirons dans les livres renfermant sa doctrine que Platon et Xénophon nous ont transmise.

Des examens, fréquemment faits et solennellement faits, à l'aide d'un questionnaire que l'enfant a entre les mains, excitent le goût de l'étude.

Les *tableaux synoptiques* qui nous présentent un fait ou une idée se développant sous les yeux avec toutes leurs parties sans éblouir et sans encombrer, les fixent facilement dans la mémoire.

Le tableau synoptique, c'est le tronc d'un arbre — d'où sortent les branches — d'où sortent les fleurs — d'où sortent les fruits — on voit tout à la fois et tout distinctement.

— Dans la pratique, exigeons que l'enfant ne récite pas sa leçon, c'est-à dire se hâte à en dire les mots sans en manquer un seul — mais qu'il lise sa leçon comme si elle était écrite dans son cerveau....

Pour cela, il a dû étudier en réfléchissant, c'est-à-dire en comprenant *bien* tout ce qu'il étudiait.

Quatrième faculté :

L'Imagination.

L'imagination, dont nous avons indiqué la nature, demande une direction spéciale de la part des maîtresses.

Elle se lie intimement à ce qu'il y a de meilleur dans notre nature : au cœur et aux sentiments affectueux et dévoués, et aussi à ce qu'il y a de plus redoutable : *les passions violentes*.

C'est l'imagination qui fait les poètes, les orateurs, les artistes, les écrivains de génie — mais aussi ces esprits dévoyés qui corrompent la littérature, les arts et dépravent le sens public.

L'imagination, chez la jeune fille surtout, est une puissance qu'il serait aussi impossible que dangereux *d'étouffer*.

L'abandonner à elle-même, c'est l'exposer aux déviations les plus redoutables.

Il faut donc la diriger d'une main ferme et sûre.

Avant tout, l'imagination ne doit pas dominer, ni par conséquent, conduire ; — c'est le jugement, — la raison, — la conscience, qui doivent être les maîtres.

La maîtresse, devant une page que colore et qu'embellit l'imagination, une page surtout, que l'imagination seule a inspirée et qui risque de troubler le cœur, ou de dégoûter de la vie de la famille — fera analyser froidement, une à une, et dans leurs rapports les *idées émises*, en montrera la futilité, la nullité, les conséquences si elles étaient réalisées — et demandera :

Que pensez-vous? Que penserait votre mère?

La maîtresse écartera :

Les livres dans lesquels les plaisirs des sens sont peints de manière à exciter les désirs.

Les livres aux récits *trop merveilleux* et que la raison et la science montrent impossibles — et sans nulle utilité....

Les scènes trop dramatiques, qui impressionnent au point de donner des émotions, agitant pendant de longues heures.

La maîtresse doit cependant cultiver l'imagination — l'éveiller — la stimuler... elle peut la former en inspirant *l'amour du beau.*

Le beau qui est toujours uni au vrai et au bien, les montre plus splendides et plus brillants, et les fait plus intimement pénétrer dans l'âme.

Le beau qui ne détruit jamais l'ordre et qui cesse d'être beau, dès qu'il entraînerait l'âme hors du devoir....

... L'imagination se développe, se forme, se dirige par les *lectures* et par les *compositions.*

Mais que de tact, que de bon sens, quel goût délicat et sûr — et, ajoutons aussi, quel esprit chrétien doit posséder une maîtresse,

soit pour les lectures à faire publiquement — à expliquer — à juger — soit surtout pour les lectures à permettre,

soit pour les devoirs à donner, à corriger, à apprécier.

La littérature possède tout un *arsenal* au service de l'imagination — et l'imagination elle-même sait trouver et créer ce que personne n'a ni trouvé ni créé :

Comparaisons — allusions — images — figures de style — citations — souvenirs — rapprochement d'idées — alliance de mots.... Tout lui est bon.

L'imagination exerce une des plus puissantes influences sur l'intelligence et sur la vie tout entière.

Sans doute, il ne faut pas trop l'empoisonner, ni trop la développer, mais il faut lui donner pour guide :

La *piété* dans ce qu'elle a de surnaturel,

La *science religieuse* avec sa forte logique,

La *raison* qui, dans tout ce qu'elle accepte ou fait, a un but précis, utile et en même temps agréable,

La *vie pratique* par un travail quotidien et par les œuvres de bienfaisance

L'imagination devrait avoir toujours pour compagnon inséparable :

Le *bon goût*, ce sentiment exquis de ce qui convient — de ce qui est beau — de ce qui plaît à toute intelligence, tant soit peu élevée.

L'homme de goût est celui qui possède un jugement droit, uni à une grande sensibilité d'âme, à une vive susceptibilité d'émotions douces et à une exquise finesse et délicatesse d'esprit.

Le *génie* enfante, dit Chateaubriand, c'est le goût qui conserve.

Le goût est le *bon sens* du génie et, sans le goût, le génie n'est qu'un fou sublime....

Le goût, chez l'enfant se forme et se développe par la vue de gravures et de tableaux, représentant des scènes que la maîtresse admire et fait admirer avec un peu d'enthousiasme — par la lecture vive, animée, commentée de ces belles pages qui sont citées partout comme de vrais chefs-d'œuvre, — par la dictée journalière de pensées fortes, imagées, impressionnantes.

L'enfant cherche *le beau* plutôt que le vrai — profitons de cette tendance d'esprit : amenons-la au vrai par le beau.

L'amour du beau élève l'âme jusqu'à Dieu....

Cinquième et sixième facultés :

La raison et le jugement.

La *raison* et le *jugement* que nous unissons ici, parce que ces deux facultés demandent des études spéciales (voir logique), ne sont étudiées que dans ce qu'elles ont de facile et de saisissable pour des enfants qui suivent encore les cours classiques, de grammaire et de littérature.

La raison et le jugement sont en général des facultés, qui mettent à même d'apprécier *une pensée* ou *un fait*, selon l'exacte vérité.

On peut être *un sot* avec beaucoup d'esprit — on ne l'est jamais avec un peu de jugement. — Il ne faut pas s'enquérir, dit Montaigne, qui est plus savant, mais qui est mieux savant.

On a rarement dans la famille et dans le monde à parler *littérature* ou *science;* on a journellement à apprécier la portée, c'est-à-dire les conséquences d'une parole ou d'une action et à donner une décision.

Dire à une enfant *soyez raisonnable,* c'est exiger d'elle quelque chose dont elle est encore peu capable. Il faut donc le lui apprendre.

Être raisonnable pour une enfant, ce serait réfléchir sur ce qu'elle dit ou fait pour en voir les conséquences. — Est-ce possible au début de la vie? Commencez par former l'enfant à obéir avec la pensée que son père, sa mère, sa maîtresse, ont toujours raison. — Montrez-lui, après un acte d'obéissance, la beauté, le bien, la joie qui en résultent.

Avec les enfants ne raisonnons pas théoriquement, mais pratiquement.

La raison et le jugement s'appellent vulgairement : Bon sens.

Le bon sens, c'est l'habitude de voir juste et de se conduire en conséquence.

On n'est jamais médiocre avec du bon sens.

Le bon sens suppose une *raison droite* et un *esprit calme,*

Le bon sens ne se prononce pas à l'étourdi sans avoir vu et compris,

ne parle pas, ne décide pas avec passion sans avoir réfléchi,

n'a pas honte de dire : « Je ne sais pas — laissez-moi voir et réfléchir. »

Le jugement s'éveille un peu tard chez l'enfant; il ne sait pas, il ne peut pas longuement réfléchir pour savoir ce qui est vrai ou faux, bien ou mal.... Il juge *à faux* plutôt par vivacité de caractère que par incapacité.

Il faut avant tout, pour former le jugement et la raison d'un enfant, lui donner une idée nette du bien et du mal.

A un enfant disons simplement :

Le Bien est tout ce qui est nécessaire ou utile et même agréable à soi et aux autres, sans faire tort à personne; mais, c'est aussi ce qui est honnête, c'est-à-dire ne révoltant ni la raison ni la dignité personnelle.

Le mal, c'est tout ce. qui fait tort à quelqu'un ou ne peut être connu sans attirer le mépris.

Nous avons à parler du *bien* et du *mal*. — Pour un enfant, le bien, c'est tout ce que lui commande son père ou sa mère, ou sa maîtresse et surtout le bon Dieu — le mal, c'est tout ce que lui défend ou son père ou sa mère, ou sa maîtresse ou surtout le bon Dieu.

Le Bien et le Mal trouvent en nous un penchant pour l'un et pour l'autre.

Il faut donc, dès l'enfance, exciter ou retenir ce penchant.

1. *Jugements à porter sur la vie ordinaire.*

Énoncer *un fait* — un de ceux que l'enfant accomplit journellement, ou peut facilement et instinctivement accomplir — et lui demander :

Est-ce bien? — Est-ce mal? Pourquoi?

On a rédigé de gracieux questionnaires — faciles à rédiger du reste — sous ce titre : *Jugements à faire prononcer par les enfants.*

En voici quelques lignes :

« Julie n'est jamais pressée pour aller en classe — s'arrêtant en chemin, — Berthe a boudé parce que sa maman a refusé de lui acheter une poupée, —

Lucie a partagé son goûter avec une de ses petites amies qui n'avait que du pain sec. »

Est-ce bien? — Est-ce mal? — Pourquoi?

On peut passer en revue toute la vie, et tous les devoirs d'un enfant : Piété, politesse, vertus, défauts, caractère, etc....

2. *Jugements à porter sur l'ensemble et la direction de la vie,*

A mesure que se développe l'intelligence, développons aussi, rendons plus utile à la vie notre faculté de juger :

1° Exerçons, à peu près tous les jours, le jugement de nos enfants en leur dictant une *maxime* — un *proverbe* — un *mot historique*..., leur demandant — d'en fixer le sens — de le justifier — de le blâmer — d'en faire l'application....

2° Donnons des *paradoxes* (pensées fausses, mais présentées sous un jour qui leur donne un air de vérité), laissant les enfants juger par elles-mêmes — puis leur montrer comment elles auraient dû apprécier....

Donnons encore des *préjugés,* c'est-à-dire des jugements superficiels portés à première vue sur un fait — et acceptés et redits sans réflexion... les réfuter.

3º Choisissons dans l'histoire *des faits historiques* diversement jugés, selon l'esprit de l'historien — et les expliquer, surtout, à la lueur de la vérité religieuse.

Que de mensonges historiques à détruire !

4º Nous, avons indiqué les analyses littéraires. Il y a là un travail plein de charme.

L'élève apprend à voir, à discerner, à goûter les beautés qui rayonnent des pages choisies par la maîtresse. — Elle raisonne le jugement qu'elle porte et qu'elle motive en citant les pensées qui l'ont impressionnée — qu'elle a admirées ou qu'elle a cru devoir blâmer.

APPENDICE

I

RÉSUMÉ DE L'ÉDUCATION DE L'INTELLIGENCE.

Enseignez avec clarté.

Préparez ce que vous devez dire.
Sachez bien ce que vous devez dire.
Parlez avec netteté et avec précision.
Mettez du naturel dans votre ton.

Partout de l'aisance — ni timidité, ni pédantisme.

Jamais un mot sans l'expliquer.

Jamais une pensée dont vous ne montriez le sens en lui-même et le sens qui la rattache aux autres pensées.

Ne craignez pas de redire vous-même, et de faire redire ce qui a déjà été enseigné — aimez ce qu'on appelle des *récapitulations* et sachez les rendre intéressantes.

*

Enseignez avec méthode.

La méthode aide à la clarté.

Elle est un véritable repos pour l'esprit.

Elle est un aide puissant pour l'intelligence qui n'a pas à se demander : *Que vais-je faire? — Comment vais-je faire?*

Elle sait ce qui doit être fait chaque semaine et chaque jour — sans doute, elle n'est pas esclave d'un règlement, mais elle le reprend doucement quand elle a dû s'en écarter.

Elle sait que sans ordre il y a peu d'utiles connaissances.

Elle a divisé les leçons en paragraphes assez courts et assez complets, de manière à ce que chacun d'eux expose *un tout,* et puisse se rattacher à ce qui précède et à ce qui suit.

Elle groupe en tableaux synoptiques parfaitement harmónisés — pour les répétitions générales — les différents paragraphes des chapitres et les différents chapitres de l'ensemble d'un livre, pour que la mémoire — guidée par l'attention, puisse facilement se rendre compte de ce qui a été appris. — Par le moyen de ces tableaux, la mémoire retient plus facilement, et l'esprit voit avec plus de clarté.

Elle exige, sur des cahiers spéciaux, une rédaction précise, mais bien ordonnée, résumant l'enseignement de la *religion,* de l'*histoire,* des *leçons de morale.*

*

Enseignez avec simplicité.

Soyez naturelle dans le ton et dans les phrases. — De l'aisance dans la diction, ni timidité qui s'embarrasse, ni pédanterie qui pose, ni verbiage, ni redites qui lassent.

Ayez l'ambition d'être comprise par celles de vos enfants qui paraissent les moins intelligentes.

Que votre classe soit une *causerie* tout autant qu'une *leçon.*

Qu'elle ait la variété des gestes et les expressions, les images, les redites quelquefois, le ton de voix des causeries d'une mère et de ses filles.

Sans doute, conservez votre dignité et votre autorité, mais n'affectez pas de les montrer.

*

Enseignez avec entrain.

L'entrain n'est pas le même pour les élèves plus jeunes et pour celles qui sont plus avancées, mais, en entrant en classe, montrez à toutes un sourire bienveillant — un abord franc, ouvert, serein.

1. Pour les plus jeunes, rendez votre classe intéressante et employez ce qu'on appelle la méthode active.

Cette méthode introduit la vie et le mouvement dans la classe — mais vie sans dissipation et mouvement sans désordre.

Elle épanouit les visages et fixe l'attention, —

Elle stimule la curiosité et la satisfait,

Elle habitue les enfants à un effort personnel.

La maîtresse ne parle pas seule.

Elle fait parler les élèves — les interroge — provoque les questions — leur fait compléter une pensée à demi indiquée — excite leur imagination par de petites énigmes à deviner — leur apprend à juger — applaudit à ce qu'elles savent.

La maîtresse écrit sur le tableau noir :

Un *mot* dont il faut dire *la nature*, au point de vue grammatical et au point de vue de son utilité....

Le *nom* d'un personnage qui a fait quelque chose de remarquable — dont on a parlé hier, et qu'il faut rappeler.

Le *titre* d'une fable racontée et qu'il faut redire....

Quelquefois deux ou plusieurs mots qu'il faut joindre ensemble — exemple : *enfant, papillon, ruisseau.*

Une maîtresse zélée doit avoir une provision d'anecdotes — de traits d'esprit — de bons mots — de souvenirs historiques. — Vous trouverez un ample répertoire d'amusements intelligents et spirituels dans les *Jeudis du Pensionnat.*

2. Pour les élèves plus avancées, une classe est moins animée peut-être, elle est tout aussi vivante.

Là, une maîtresse expérimentée, aimée et appréciée, ne se borne pas à des leçons à réciter et à des devoirs à corriger, elle applique les facultés de ses élèves à observer, à réfléchir et à exprimer sous une forme juste des pensées justes.

Elle forme en elles :

un jugement éclairé et sain,

un cœur ouvert à tout ce qui est beau, ce qui est grand, ce qui est dévoué — à l'amour du travail — aux vertus domestiques et religieuses.

Elle leur fait acquérir la facilité d'exprimer ce qu'elles sentent et ce qu'elles pensent — et quand elles auront à écrire, elles trouveront en elles des idées qu'elles rendront avec netteté, avec bonheur souvent.

Mais que de travail pour la maîtresse !

Que de lectures à choisir — à faire commenter — à juger — à faire reproduire.

Que de devoirs à donner, à inspirer, à conserver.

Heureuses les maisons qui ont leurs *archives !*

*

Enseignez avec amour.

Amour pour l'âme des enfants — pour la formation de l'esprit, du cœur, du caractère de vos enfants.

Amour pour votre vocation qui vous permet d'être utile à Dieu, à la société, à vous aussi.

Amour, qui vous fait *deviner* tout ce qui peut rendre vos enfants plus heureuses, plus instruites, plus attachées à l'école.

Cet amour rayonne toujours au dehors — rend aimable et fait aimer la classe....

Une classe aimée est une classe fréquentée, une classe où le travail se fait volontiers.

Et elle n'est pas seulement un simple lieu de passage, mais attire à elle et fait volontiers revenir à elle, quand on a dû la quitter.

II

RÉSUMÉ DE L'ACTION DES FACULTÉS DE L'AME D'APRÈS L'ABBÉ DE CLÈVES.

L'intelligence amasse les trésors.
La mémoire les conserve.
Le jugement les apprécie.
La raison les coordonne et les emploie.
L'imagination les embellit.
Le goût nous en fait sentir les beautés.

L'intelligence, sans la mémoire, n'acquiert des connaissances que pour les voir disparaître.
L'intelligence heureuse et la mémoire brillante sans jugement et sans raison, font les femmes orgueilleuses et superficielles.

*

L'esprit sans la raison formera des femmes savantes, mais peu judicieuses.
L'esprit sans le cœur formera des femmes malicieuses et méchantes.

*

La raison et le jugement sans intelligence et sans mémoire, forment dès esprits médiocres, sans imagination, sans goût — et des cœurs froids et insensibles.

*

L'imagination sans le jugement, crée des femmes romanesques et exaltées.
L'imagination et le goût sans le jugement fait sacrifier le fond à la forme,
le solide au brillant,
l'or au clinquant.
L'imagination, le goût et même l'esprit, sans le jugement, engendrent ce qu'on appelait autrefois les *précieuses ridicules*, actuellement les *pédantes* et les *bas bleus*.

L'intelligence, unie à la sensibilité, au dévouement
et à la force de volonté, forme *la femme
accomplie selon le monde.*
Et si les lumières de la foi viennent s'ajouter aux
dons de la nature et si la charité les illumine
et les échauffe, la femme sera
L'ange de la famille !
Voyez donc, ô maîtresses, qu'elle est grande votre
mission !

CHAPITRE TROISIÈME

Éducation Morale.

L'ÉDUCATION morale consiste en général à donner des règles et des conseils indiquant à chaque individu la manière de remplir dignement et utilement les devoirs de sa position :

soit dans la vie privée,
soit dans sa vie de famille,
soit dans la vie sociale....

L'ensemble de ces conseils rédigés en leçons, forme ce qu'on appelle un *cours de morale*. Elles sont expliquées journellement dans les classes.

Un livre de pédagogie n'a pas à donner directement ces leçons, mais à indiquer aux maîtresses :

Comment elles doivent les prèparer,
  les exposer,
  les faire apprécier,
  en diriger l'application.
Si le but de l'institutrice est de *faire savoir*,
Le but de l'éducatrice est de *faire vouloir*.

Dans l'éducation morale, les efforts des maîtresses doivent tendre à former le caractère de l'enfant — et cette formation consiste dans la direction à donner aux deux facultés maîtresses de la vie humaine :
  L'activité et la *sensibilité*.

ARTICLE PREMIER

L'Activité.

L'activité est la faculté d'agir — c'est-à-dire de produire des actes, d'être cause d'un effet.

L'activité peut être :
  Instinctive,
  Volontaire,
  Habituelle.

I

ACTIVITÉ INSTINCTIVE.

L'instinct est une force qui pousse l'être vivant à agir sans réflexion et en quelque sorte malgré lui. — C'est souvent un véritable besoin.

L'instinct se manifeste :

1° Par *le besoin de mouvement* qui met en action les organes — besoin de marcher — besoin de crier — besoin de remuer, de s'agiter... de fuir ce qui épouvante — besoin de la conservation....

L'instinct ne peut se détruire pour les choses nécessaires. — Il peut toujours se réglementer en ce que dans beaucoup de cas on ne se livre pas aveuglément à ce qu'il exige.

Accoutumer l'enfant à modérer ses désirs — ne pas lui donner, sur le champ, ce qu'il exige impérieusement, — est d'une grande utilité pour la formation de son caractère.

L'enfant veut sortir tout de suite,

L'enfant veut boire tout de suite....

Le retenir quelques secondes ne peut lui être nuisible... mais cette lutte contre un instinct légitime, si elle est souvent répétée, finira par lui apprendre à se maîtriser en choses plus importantes.

2° Par le *besoin de curiosité* qui met en action l'intelligence qui veut tout savoir, tout connaître, se rendre compte de tout — l'intelligence, comme l'estomac, désire sa nourriture, et cette nourriture est *la vérité*.

De là, ces interminables questions que l'enfant pose à propos de tout.

Pourquoi est un des mots qui sortent les premiers de sa bouche et qu'il répète le plus souvent — et on

peut dire que l'instruction que nous avons obligation à donner, n'est que pour répondre à tous les
pourquoi....

La *prudence*, le *tact*, doivent toujours diriger les
réponses que fait une maîtresse. Nous en parlerons
plus tard.

Il y a — chez l'enfant — comme chez tous, hélas !
une curiosité malsaine qui porte sur les choses
petites, futiles, insignifiantes — et sur les choses
qu'il est dangereux de voir, de lire, d'entendre. —
Non, il n'est pas bon de tout connaître.... La connaissance du mal conduit à l'action du mal.

Oh ! comme une maîtresse a besoin de prudence,
de tact, d'habileté, de savoir-faire :

1. pour ne jamais paraître étonnée par une question qui lui est faite,

2. pour répondre d'une manière, un peu vague
peut-être, mais avec paix, avec assurance... détournant peu à peu la conversation,

3° Par *le besoin d'affection* qui émeut le cœur de
l'enfant et le porte à exiger des caresses et à en
donner lui-même.

Si, par instinct, l'intelligence cherche la vérité —
par instinct, le cœur cherche l'affection.

— *Nous aimons à aimer,* a dit saint Augustin.

Ce besoin du cœur qui veut éprouver des sensations — demande une grande prudence — pour sa
formation.

Le *charme de sentir* est si fort, dit Bossuet, que l'on préfère les émotions douloureuses à l'absence de toute émotion. — Le *blasé*, l'*indifférent*... se trouve dans l'ennui. Tout est vide pour lui et la vie lui est à dégoût.

Nous parlerons bientôt de l'instinct qui porte une enfant à s'attacher à une autre enfant et qui prend le nom de *sympathie;* nous parlons seulement ici, de l'instinct qui porte l'enfant à être caressée.

Oui, il faut permettre à une enfant, en la dirigeant et la surveillant, toute l'expansion de sa nature affectueuse et ardente. Mais n'oublions pas, nous, qu'il y a des caresses qui exaltent les sens.

Il en est qui amollissent l'âme,

Il en est qui dévient l'intelligence.

Prenons garde !

Ne refusons pas une caresse à une enfant, surtout, si on peut la lui donner comme une récompense.

Embrassons-la, le matin et le soir, mais toujours avec ce sentiment de respect qui la réjouit sans l'exalter.

Oh ! la joie de vivre, la joie d'être affectionnée, comme il faut demander à Dieu de savoir la faire connaître aux enfants.

Comme il faut épanouir leurs jeunes âmes aux affections pures et nobles — faire naître en elles le mépris et le dégoût des affections qui font perdre le respect de soi-même et de la dignité chrétienne !

II

ACTIVITÉ VOLONTAIRE.

1. La volonté est le pouvoir par lequel l'âme se détermine, avec parfaite connaissance de ce qu'elle fait, à accomplir un acte.

La volonté a une puissance immense.

Elle agit sur le corps — et par l'exercice, par l'hygiène, par la sobriété — elle le rend plus simple et plus apte aux opérations intellectuelles.

Elle agit sur l'intelligence en affaiblissant et même en annihilant les sensations, les imaginations, les désirs vagues qui affaibliraient sa puissance.

Elle est la principale source du *mérite* et du *démérite*. — L'homme ne vaut pas en raison de ce qu'il pense, mais en raison de ce qu'il veut. — Elle rend responsable.

Elle forme l'homme de caractère, celui qui a des principes et qui les suit — celui qui n'agit pas au hasard de ses impressions, de ses humeurs, des préjugés, des opinions, de la mode.

— *Les hommes sont des volontés*, a dit saint Augustin.

Ce qui manque, c'est moins la vue du bien et même la propension à l'accomplir, que l'énergie qui commande aux sens, — fait taire les passions — dit à tout obstacle *non* et va malgré tout au *devoir*....

2. La volonté — un acte volontaire — renferme quatre actes différents :

1° La *conception*, c'est-à-dire la pensée de l'acte qu'on veut faire,

2° La *délibération*, c'est-à-dire l'examen des motifs qui poussent à cet acte — des raisons d'agir ou de ne pas agir — des avantages ou des inconvénients qui résulteront de cet acte,

3° La *détermination*, c'est-à-dire la résolution vraie, sérieuse d'agir ou de ne pas agir.

4° L'*exécution*, c'est-à-dire la production de l'acte.— L'exécution ne fait pas partie de l'acte volontaire; elle en est l'effet extérieur et final. — La valeur de l'acte volontaire est dans la détermination. — L'exécution aggrave le mal ou augmente le bien.

3. *Formation de la volonté chez l'enfant.*

Cette formation consiste :

1° à *incliner et assurer* la volonté de l'enfant.

La volonté chez l'enfant, n'a pas encore la puissance et la ténacité qu'elle aura plus tard. — Il faut l'attirer vers ce qui est beau, ce qui est bon, ce qui est utile, ce qui est vrai — le lui faire apprécier, désirer, demander.

Lui donner tout ce qu'on lui a promis,

Lui faire mériter — et par conséquent, vouloir ce qui a fait, une première fois, plaisir : à ses yeux par sa beauté — à son goût par sa douceur — à son cœur par les caresses qu'il a obtenues.... Il voudra peu à peu tout ce qui lui a plu,

Lui montrer ce qui est mal; s'il ne le comprend pas, le lui faire sentir d'une manière délicate, pour qu'il ne le veuille pas....

Lui répondre avec paix, en le raisonnant un peu — le laisser quelquefois seul au milieu d'objets différents, le faire choisir — et lui demander pourquoi il préfère l'un à l'autre. — Le surveiller et lui dire ce qu'il a fait de bon et de répréhensible.

Cette formation consiste :

2° à *fortifier la volonté de l'enfant,* et pour cela :

L'accoutumer à obéir sans murmurer, sans lambiner. Lui faire comprendre ce qu'est le devoir. — Le devoir, c'est tout ce qui est dû à son père, à sa mère, à ses maîtresses, aux pauvres, à Dieu surtout.— Le devoir, c'est tout ce qui est commandé par ceux qui ont autorité sur nous.

Lui montrer ce qu'il y a de beau, de grand à ne pas faire ce qui déplaît à son père ou à ses maîtresses. — Lui demander, de temps en temps, de petits sacrifices.

Cette formation consiste :

3° à *habituer l'enfant à réfléchir* — c'est-à-dire à se demander : Ce que je veux fera-t-il plaisir à ma maîtresse? ne fera-t-il de la peine à personne?

Apprendre à réfléchir, est le premier objet d'une éducation virile. — Un enfant qui ne délibère jamais, ne réfléchit jamais, ne sera propre, plus tard, qu'à obéir lâchement aux choses ou aux personnes qui le domineront.

Cette formation consiste :

4° à *exiger la soumission de l'enfant* doucement, affectueusement, mais résolument.

Ne laissez jamais un enfant, prendre son repos le soir, sans avoir réparé un devoir négligé, ou avoir sérieusement promis une réparation dès la première heure du lendemain et sans avoir demandé pardon d'une désobéissance....

Mais prenons garde : ne brisons pas une volonté, cherchons à l'assouplir. — L'affection, dit Fénelon, est le grand éducateur de la volonté.

Faites-vous aimer, montrez-vous juste, bonne, généreuse, tout en étant ferme — vous finirez par dompter la volonté la plus rebelle.

III

ACTIVITÉ HABITUELLE.

1. L'habitude est la faculté de faire des actes qu'on a faits souvent — de les faire même sans se rendre compte qu'on les fait — d'en venir même à être entraîné à les faire.

L'habitude est — on l'a dit — *une seconde nature.* Elle nous fait agir à la façon de l'instinct sans le concours de la volonté.

Il est donc d'une immense importance de faire prendre aux enfants de bonnes habitudes et de veiller à ce qu'ils ne prennent pas l'habitude du mal, quelque léger que paraisse ce mal.

Il y a trois sortes d'habitudes à donner aux enfants :

1° Habitudes physiques :

Elles consistent à exercer les organes des sens : la *vue,* le *goût,* le *toucher*... afin qu'ils servent simplement et utilement au but pour lequel Dieu nous les a donnés. — L'*hygiène* donne sur les fonctions de nos organes des détails que nous n'avons pas à donner ici. — Une maîtresse ne peut se passer d'étudier quelques notions d'hygiène.

Les habitudes physiques consistent encore à avoir un règlement — c'est-à-dire des heures, des époques, des temps, des manières d'agir, pour les différents actes de la vie domestique et familiale : le lever, le coucher, les heures de travail, de repos.... Rien sans doute, de trop précis — on tomberait dans les manies — mais on ne peut pas vivre au hasard....

La régularité dans la vie est un principe de bonheur et même de santé.

2° Habitudes intellectuelles :

L'esprit a besoin de prendre de bonnes habitudes comme le corps. — C'est dans les maisons d'éducation qu'elles se prennent... et si, après les années de pensionnat, ces habitudes se continuent avec des modifications, sans doute, dues à la position, on peut être assuré que la vie sera, au milieu même de ses peines, heureuse et utile.

Nous n'avons pas ici à indiquer un règlement.

Les grandes lignes sont fixées partout :

Heures de prières — heures de travail — heures de récréation — heures de repos.

Et, dans le travail — régularité sans monotonie — c'est la lecture à haute voix — c'est la composition — c'est le problème — c'est le récit historique — c'est la science — c'est l'amusement de l'esprit — c'est la causerie vivante, animée.

... Et tout cela se fait sans encombrement, et tout cela se *classe dans l'esprit*, qui ne *se remplit pas*, mais *se meuble* comme un appartement dans lequel tout est en ordre.

3° Habitudes morales :

Elles se forment — et nous indiquons ici, rapidement, ce qui est dit dans les *livres spéciaux* avec beaucoup de tact et beaucoup de méthode.

Elles se forment par la pensée de Dieu qui est toujours là... de Dieu à qui, tous les jours, on va s'offrir — de qui on attend tout ce qui est nécessaire — à qui on demande tout.

Elles se forment par les *actes de bonté* de tous les jours, qu'on reçoit et qu'on donne,

> par les services quotidiens rendus aux compagnes,
>
> par les sacrifices qu'on s'impose pour faire son devoir.

Règle générale pour contracter une *habitude morale* surtout :

> faire pratiquer,
> faire aimer,
> faire comprendre.

ARTICLE SECOND

La Sensibilité.

1. La sensibilité est la faculté que possède l'âme d'éprouver des émotions et d'avoir des sentiments.

Les émotions de l'âme diffèrent des émotions produites par les sens qui sont des sensations.

Les émotions de l'âme s'appellent simplement *inclinations* ou *penchants;* les inclinations sont ordinairement passagères, les penchants persistent; ils attirent, en quelque sorte, vers ce qui est conforme à la nature, et il faut une certaine force pour résister.

2. Il y a, en chacun de nous, trois inclinations ou penchants différents :

1° Inclinations ou penchants personnels, ceux qui produisent dans l'âme des émotions qui la portent à se satisfaire elle-même. — Ils prennent le nom d'*amour-propre* ou plus exactement d'*amour de soi*.

2° Inclinations ou penchants sociaux, ceux qui produisent dans l'âme des émotions résultant de nos rapports avec les autres.

3° Inclinations ou penchants supérieurs, ceux qui produisent dans l'âme des émotions par la vue et la connaissance du bien, du beau, du vrai.

On peut dire que l'éducation de la sensibilité morale n'est que l'éducation du cœur. Elle consiste à donner une règle à notre besoin d'aimer.

Voyez, comme ce besoin d'aimer est la source de tous nos penchants.

1. *Amour de soi*, c'est-à-dire estime et confiance personnelle — sentiments de l'honneur, de la gloire, du succès, du bien-être.

2. *Amour social*, c'est-à-dire affection de la famille, amour filial, amour fraternel — amitié — amour de la patrie — amour du pauvre — dévouement — don de soi et de ses biens.

3. *Amour supérieur*, c'est-à-dire savoir, connaître le vrai, le bien, le beau — Dieu avant tout. — Le posséder, le produire....

Et Dieu, pour nous aider à la recherche et à la possession de ce que désire notre cœur, a attaché à la satisfaction de nos inclinations, une émotion agréable, un plaisir. Ce plaisir ne doit être *qu'un moyen* et non une *fin*. Il faut l'accepter, non pas le rechercher uniquement (question importante à traiter ailleurs).

I

INCLINATIONS PERSONNELLES OU AMOUR DE SOI.

1. *Nature de l'amour de soi.*

L'amour de soi ou personnel, est l'inclination qui nous porte à nous vouloir grands, estimables, parfaits, et à travailler continuellement à cette perfection, en général à nous vouloir *du bien* sous toutes les formes :

      biens du corps,
      biens de l'esprit,
      biens de la réputation,
      biens de la fortune.

Rien de beau, rien de légitime, comme cette tendance quand elle est bien dirigée et bien soutenue.

Malheureusement — elle devient coupable quand elle veut atteindre ce but si élevé aux dépens des autres et qu'elle veut les dépasser pour les humilier. On lui donne alors le nom d'*amour-propre* qui éveille des idées d'égoïsme, de personnalité exclusive et qui est entouré de mépris.

2. *Effets de l'amour de soi.*

1° Avantage de l'amour de soi.

L'amour de soi — dans ce qu'il a d'élevé, produit en nous :

1° le sentiment de *notre dignité personnelle* qui est l'estime de soi-même,

et nous empêche de rien vouloir et de rien faire qui nous dégrade et qui diminue notre valeur — rien qui nous abaisse à nos propres yeux.

« L'homme, dit le P. Lacordaire, n'a pas seulement besoin de pain — il a besoin de dignité. »

Et ce besoin le fait reculer devant tout acte qui permettrait à la partie animale de dominer la partie supérieure, par exemple : manger pour manger, dormir pour dormir, mentir pour s'élever plus haut.

Ce besoin le fait résister à tout penchant qui le dégraderait. — L'homme le plus digne peut sentir des entraînements qui le font rougir -- il ne doit jamais les accepter et se laisser dominer.

Ce besoin de rester digne, enfin, lui fait accepter de souffrir — quelque dure que puisse être la souffrance, plutôt que de laisser planer le moindre soupçon sur sa loyauté.

La dignité a pour devise ces fières paroles :

Plus d'honneur que d'honneurs,

Plutôt la mort que la souillure,

Rien, s'il faut se baisser pour l'avoir.

L'amour de soi dans ce qu'il a d'élevé :

2° *excite l'émulation* — c'est-à-dire le désir de ne pas rester dans un état d'infériorité par rapport aux autres — non pas directement pour les surpasser et pour les humilier, mais pour se rendre plus utile — s'encourager au bien et se grandir par la lutte, faire toujours avec loyauté.

L'émulation bien dirigée est un des éléments constitutifs du perfectionnement ; c'est elle qui dit toujours à l'âme : « Encore, tu peux faire mieux. »

Celui qui travaillerait seul et sans concurrent serait bientôt ou *las* ou *épuisé*.

2° Mauvais effets de l'amour de soi.

L'amour de soi, s'il n'est pas réglé par la raison — et surtout par un sentiment surnaturel donné par Dieu — lui inspirant les actes qui donneraient à la vie, sa beauté, son excellence, sa fécondité — cet amour de soi qui est l'amour-propre, devient *égoïsme*.

Alors, *le moi* se fait centre de tout : s'aime sans mesure aux dépens de tous les êtres de la création — attire tout à lui — sacrifie tout à son intérêt....

L'égoïsme est la source de tous les désordres de la société.

Il engendre :

L'orgueil, qui veut dominer tout le monde.

La jalousie, qui ne peut souffrir ni la supériorité, ni la rivalité.

La haine, qui cherche à se débarrasser de tout ce qui lui fait ombrage.

3. Formation de l'enfant au bien que peut lui procurer l'amour de soi.

Il est nécessaire :

1° de lui faire apprécier sa dignité personnelle,
2° d'exciter en lui le sentiment de l'émulation.

1° La dignité personnelle.

Accoutumer l'enfant dès le premier âge, non pas à comprendre ce *qu'est la dignité,* mais à la *pratiquer.*

La dignité :

C'est *la retenue* dans la manière de marcher, de s'asseoir, de parler....

C'est l'emploi de paroles plus humbles que hautaines, quand on demande, quand on désire, quand on commande....

C'est ne pas manquer à ce qu'on appelle : *la politesse,* et à ces mille petits détails de la vie qu'une mère et une maîtresse nous apprennent tous les jours.

C'est la tenue, c'est-à-dire l'expression et la manifestation par l'extérieur d'un beau caractère éclairé par une noble intelligence et vivifié par un cœur vertueux.

C'est se sentir sous le regard de Dieu, qui voit tout, qui sait tout — et accoutumer un enfant à dire cette parole : Ce que maman ne veut pas, le bon Dieu ne le veut pas.

C'est exiger qu'un enfant ne fasse rien en cachette, loin des regards de sa mère ou de ses maîtresses. — Ce qu'on désire n'être pas su est ordinairement peu avouable.

C'est faire contracter des habitudes d'ordre, de propreté, de bonne tenue....

Lisons souvent des faits qui montrent en action, ce qu'est la dignité dans le caractère, dans la conduite, dans les paroles. — Faisons ressortir ce qu'il y a de grand, de beau... de généreux.

Fénelon disait à son élève, le duc de Bourgogne : *Monsieur, faites le prince.* — Le mot n'est pas exagéré.... On peut être digne, et se faire respecter dans toutes les conditions.

La dignité inspire toujours le respect. Elle n'est pas la fierté ; elle amène, au contraire, à une gracieuse condescendance.

2° L'émulation.

L'émulation est le penchant le plus précieux que Dieu ait mis en germe dans l'âme d'un enfant, pour lui donner la faciliter de se développer et d'être utile dans l'avenir.

L'émulation :
  encourage au travail,
  soutient dans les efforts,
  mène au succès.....

L'émulation se soutient et se développe :
  par les éloges donnés en public,
  par les distinctions qui donnent à un élève une
    certaine supériorité,
  par les récompenses dont nous allons parler
    plus spécialement.

1° Récompenses en général.
1. Savoir les faire apprécier et en montrer l'importance.
2. Attacher à toutes, même à celles qui ont une mince valeur réelle, un grand intérêt.
3. Ne pas les multiplier.
4. Savoir les faire désirer.
5. Les donner à l'effort vrai, constant, tout aussi bien qu'au succès.

2° Récompenses morales.
Celles qui développent le sentiment de l'honneur,
  Classement des élèves,
  Inscription au tableau d'honneur,
  Encouragements publics,
  Carnet de correspondance avec les parents.

3° Récompenses matérielles.

Elles consistent :

en *bonnes notes* qu'il faut savoir faire apprécier,

en *bons points* et *images* qu'il faut faire conserver.

Voici l'usage qu'on peut faire de ces bons points :

racheter des mauvaises notes,

diminuer ou faire cesser une punition,

payer pour les autres, si la maîtresse le permet,

acheter une promenade en les groupant.

Les *prix* à la fin de l'année.

Des prix peut-être, à chaque trimestre.

II

INCLINATIONS SOCIALES.

Ces mots indiquent les sentiments produits ou éveillés en nous par les rapports constants ou même passagers avec ceux près de qui nous vivons.

Ces rapports peuvent être le résultat des inclinations naturelles en nous et qui prennent le nom de *sympathie*.

Ces rapports sont, surtout, le résultat de notre caractère.

I. *La Sympathie.*

1° Nature de la Sympathie.

La sympathie est une tendance à nous unir à quelqu'un qui nous plaît.

Cette union peut se faire :

par la *pensée* — qui envahit l'âme et la remplit du souvenir de la personne qui plaît,

par la *société* — on cherche à vivre avec elle — à être au moins souvent avec elle,

par l'*imitation* — on tend à vivre comme elle — à agir comme elle.

La sympathie est naturelle.

Elle naît sans notre volonté. — Elle peut n'être que passagère; elle peut aussi être durable et avoir une grande influence.

2° Direction de la Sympathie dans l'Education.

1. La sympathie fait surtout sentir son influence sur l'enfant.

Elle naît chez une enfant qui se sent attirée vers une maîtresse. — Pourquoi ? L'enfant ne le sait pas. ne le raisonne pas; elle dit simplement : « J'aime cette maîtresse ». — Et elle se rapproche d'elle.

Profitez de cet attrait, maîtresse dévouée, non pas pour caresser cet enfant plus que les autres, mais pour lui communiquer, petit à petit, ce qu'il y a en vous de pieux, de ferme, de généreux.

L'enfant est *confiant*. — Il croira tout ce que lui dira sa maîtresse.

L'enfant est *imitateur*. — Il prendra les manières, il adoptera les idées de ceux qu'il aime et sera fier de leur ressembler; de là : l'influence de l'exemple.

L'enfant est *admirateur*. — Il fait ce qu'il voit faire et trouve beau tout ce que font ceux qu'il aime.

Comme elle doit donc se montrer pieuse, bonne, régulière, juste — la maîtresse qui peut se dire : Je suis surveillée, je suis imitée.

2. La sympathie naît aussi et quelquefois ardente, entre enfants — soit du même âge, soit d'un âge différent — et elle exige une grande surveillance.

Les amitiés entre enfants peuvent être fatales — nous n'insistons pas, et recommandons, avec la surveillance, le recours à la prière.

— La maîtresse doit, aux premiers jours de l'arrivée d'une élève, la mettre en rapport de soins, de dévouement, d'affection avec une élève ancienne, sûre, bonne, vertueuse... qui a été formée à la sainte amitié. — Il est rare que, dans une école, il n'y ait pas quelques enfants sur lesquelles on puisse compter. — Une maîtresse zélée sait les trouver, sait les rendre pieuses, sait leur montrer la grandeur de leur mission. — Elle en fait, sans trop le proclamer, les *anges de l'école*.

2. *Le Caractère.*

1° Nature du Caractère.

Le caractère est en général la manière d'être de chacun — c'est la tendance à agir de telle ou telle façon — la manière de sentir, de penser, de juger qui se montre dans nos actions, nos paroles, notre tenue — et nous distingue des autres.

Le caractère peut se modifier par les fréquentations, les habitudes, une énergique volonté....

Il offre des variétés presque infinies.

C'est du caractère que dépend en grande partie le bonheur ou le malheur de la vie.

C'est par lui qu'on plaît ou qu'on déplaît — qu'on rend heureux ou malheureux, ceux qui nous entourent.

2° Direction du Caractère dans l'éducation.

1. Le caractère dépend du tempérament.

Il y a, on le sait, quatre principaux tempéraments que nous indiquons sommairement.

La jeune fille au tempérament *bilieux* est vive, active, résolue, hautaine, dominatrice, opiniâtre dans ses volontés.

La jeune fille au tempérament *sanguin* est sensible, franche, aimable, légère, changeante, amie des plaisirs.

La jeune fille au tempérament *nerveux* est affectueuse, aimante, susceptible, irritable, jalouse, mélancolique.

La jeune fille au tempérament *lymphatique* est portée à la paresse, à l'insouciance, à l'apathie....

Sans doute, il y a des nuances dans ces tempéraments — et, pas plus que dans les visages, il n'en est pas deux qui se ressemblent.

Mais quel travail de tous les jours, quel dévouement doit apporter une maîtresse qui a la mission divine de former à la douceur, au support, au don de soi la jeune fille qui vit à l'école et au pensionnat, qui doit vivre dans sa famille, dans le monde et avoir des relations de société nombreuses.

2. La maîtresse à l'école et au pensionnat examine le naturel des enfants et puis travaille à réformer ce qu'elle voit de défectueux.

Elle porte à l'humilité les natures hautaines.

Elle plie à l'obéissance les enfants opiniâtres.

Elle modère les natures emportées.

Elle calme les cœurs impressionnables.

Elle exhorte les inconstantes.

Elle aiguillonne les indolentes.

Elle encourage les timides.

Elle porte à la piété les âmes plus affectueuses et leur fait aimer les pauvres.

Elle excite au zèle les exaltées.

Elle a un art tout particulier pour changer :

La *coquetterie* en amour de l'ordre et de la propreté, en bon goût.

L'*exaltation* en zèle et en dévouement.

L'*apathie* en calme et en esprit de résignation.

La *finesse* en prudence, en délicatesse, en tact.

La *curiosité* en application et amour de savoir.

Le *babil* en amabilité.

La *brusquerie* en droiture et en expansion.

La *sensiblerie* en compassion pour les peines.

La *prodigalité* en générosité et esprit du sacrifice.

La *légèreté* en oubli des contrariétés.

3. Il est des caractères très marqués qui sortent de la vie ordinaire ; avec ceux-là, la direction doit être spéciale.

Vous trouverez des enfants :

Apathiques, sentant peu, indifférents à tout, n'ayant un peu d'expansion que pour ce qui est matériel — avec ceux-là, la direction doit être ferme, régulière, plus sévère qu'affectueuse, exigeante, mais avec mesure.

Sensitifs, d'une sensibilité très vive, mais super-ficielle plus que profonde. — La direction doit être patiente, forte, raisonnée.

Emotifs — aux émotions très vives, très persis-tantes. — La direction doit être calme, posée, constante, patiente.

Passionnés sans mesure en tout. — La direction doit être réservée, forte, dévouée....

... O maîtresses! quelle dure mission quelquefois! — Si vous n'avez Dieu avec vous, vous ne ferez point de bien....

III

INCLINATIONS SUPÉRIEURES.

Les inclinations supérieures sont celles, avons-nous dit d'une manière générale, qui nous portent à rechercher le vrai, le bien, le beau — ajoutons : par lesquelles l'homme recherche des satisfactions morales en s'adressant à des objets supérieurs à l'homme lui-même.

Ces objets sont l'amour du vrai — l'amour du beau — l'amour du bien....

1. *L'amour du Vrai.*

En principe, nous aimons tous la vérité, et c'est pour la connaître que Dieu a mis en nous l'instinct de savoir. — Cet instinct se manifeste chez l'enfant par les *pourquoi* qu'il adresse à chaqu instant,

Et par la confiance à ce que lui disent ceux par qui il se sent aimé et ceux qu'il respecte : son père, sa mère, sa maîtresse. — Cette confiance ne se perd que lorsqu'il a été trompé.

L'enfant aime la vérité et cependant il la dissimule, il la cache, il devient menteur. Il le devient quand il s'aperçoit que ses parents, ses maîtresses, ses compagnes ne lui disent pas la vérité — entraînement de l'exemple,

quand on ne tient pas les promesses qu'on lui a faites et qu'on lui donne, pour excuses, des raisons qu'il sait mauvaises ou fausses,

quand il voit ses compagnes éviter une punition ou obtenir une récompense par *un mensonge*....

A tout prix, il faut empêcher le mensonge et le faire éviter à l'enfant.

Voici les moyens pratiques :

Ne dire jamais de mensonges à un enfant — et quand on a dit, en se trompant, quelque chose qui n'est pas vrai, dire simplement : je croyais ce fait vrai, je me suis trompé.

Ne jamais faire des promesses qu'on ne croit pas pouvoir tenir. — Si réellement on ne peut agir comme on le croyait — le dire sincèrement....

Habituer un enfant à ne jamais cacher ni dissimuler une faute — lui dire avec sincérité que faute avouée est pardonnée presque toujours — ou vite oubliée, et le louer chaque fois qu'il a fait un aveu humiliant et ne jamais être trop sévère dans une gronderie.

Ne pas tromper un enfant, même dans les récits qu'on lui fait... lui montrer la différence d'une *histoire* (ce qui est arrivé) et d'un *conte* ou d'une *fable* — la beauté d'une *allégorie*.... Et dans une foule de faits qui semblent inexplicables, lui faire comprendre l'intervention de Dieu — ou des agents naturels dont nous ignorons toute la puissance....

Montrer ce que le mensonge a d'odieux, de bas... comment il conduit à l'hypocrisie, au déshonneur, à la calomnie et comment il rend méprisable.

Il y a une forme de mensonge : *la dissimulation* qui est moins odieuse, mais qui accoutume à l'hypocrisie.

L'enfant dissimule :

pour se faire estimer et aimer plus que les autres,
pour excuser sa paresse,
pour éviter une punition — par peur,
pour obtenir ce qu'il désire,
pour paraître plus qu'il n'est en réalité.

II. *L'amour du Bien.*

1° Le Bien.

Le *bien*, c'est en général tout ce qui est utile avantageux, agréable — c'est tout ce qui dans son pensées, nos sentiments, nos impressions, nos désirs, nos actes, nous laisse paisibles et contents.

Le *bien* est toujours l'accomplissement d'un devoir. — Il peut ne pas produire l'effet que nous en attendions, et alors nous sommes peinés de ce résultat, mais nous sommes toujours heureux de l'avoir accompli.

Le *bien* peut être matériel, utile à la vie présente — moral, utile à la vie future; et volontairement accompli dans ce but d'utilité, il est méritoire.

Le *bien* — bon en lui-même — peut cesser d'être bien par le motif qui le fait produire.

Ce motif peut être :

La *passion* — c'est-à-dire la recherche d'une jouissance coupable.

Le *plaisir* — c'est-à-dire la recherche d'une jouissance qui selon qu'elle est légitime ou non, altère ou détruit le bien.

L'*intérêt*, qui peut ne pas rendre le bien mauvais, mais l'empêche souvent d'être méritoire.

Le *bien* est d'autant plus parfait et méritoire qu'il est plus conforme à ce que Dieu demande de nous :

soit par notre position,

soit d'après nos moyens,

soit pour l'avantage de ceux avec qui nous vivons.

C'est qu'alors, on n'agit pas directement pour la jouissance ou l'intérêt, mais qu'on agit pour accomplir un devoir voulu par Dieu.

2° Formation de l'Enfant pour le porter au Bien.

Cette formation se fait par

L'Education du cœur.

Nous dirons :

La nature du cœur.
L'importance de la formation du cœur.
Les moyens de cette formation du cœur.

1. Nature du cœur.

Le cœur est le principe de nos affections. C'est le centre d'une force qui nous porte à nous attacher aux personnes et aux choses — à nous donner à elles — à les attirer à nous.

Cette disposition à nous attacher peut être instinctive ou raisonnée, c'est-à-dire libre et volontaire.

1. Elle est instinctive quand elle pousse et entraîne sans qu'on sache pourquoi — et cet instinct, s'il n'est pas retenu, modéré, dirigé, peut devenir un besoin fougueux et entraîner au désordre. — Il prend le nom de passion.

2. Cette disposition est volontaire quand elle s'exerce sous la direction de la raison et de la

volonté — non pas seulement sous l'impression du sentiment.

Cette direction n'enlève à l'instinct affectueux ni ses charmes, ni ses joies; elle ne lui ôte ni son dévouement, ni sa force, ni son ardeur.

Elle laisse l'âme paisible.

2. Importance de la formation du cœur.

Cette importance résulte de la puissance du cœur sur l'ensemble de la vie.

Le cœur est en quelque sorte, au point de vue moral, ce qu'il est au point de vue physique : le grand ressort qui met l'être en mouvement.

Le cœur abandonné à lui-même peut être :

un cœur *froid, indifférent, mauvais*, c'est-à-dire égoïste, ne vivant que pour lui,

un cœur *ingrat* voulant toujours recevoir sans donner jamais,

un cœur *faible, inconstant*, ne s'attachant jamais sérieusement, papillonnant sur tout ce qui lui plaît,

un cœur *passionné*, ne voulant que ce qu'il aime et capable de toutes les folies pour le posséder,

un cœur *vulgaire*, qui n'a rien d'élevé et qui se contente de ce qui l'amuse.

Il y a, dans l'éducation du cœur, de grandes précautions à prendre et de grandes délicatesses à avoir.

Le but de toute éducatrice et de toute mère doit être très élevé. — Elles doivent l'une et l'autre bien savoir que, pendant toute sa vie, une femme réglera ses pensées, ses sentiments, ses actes, sa volonté, selon les inspirations de son cœur — et ces inspirations seront ordinairement celles que sa mère ou ses maîtresses lui auront données ou laissé germer en elles.

Il y a peu de femmes *de tête*, dit-on vulgairement, il y a surtout des *femmes de cœur*. — Il faut donc le former ce cœur.

Et cette formation ne peut se faire que par un autre cœur; mais celui-là, il le faut grand, dévoué, fort, généreux, uni intimement à Dieu, de qui il tient sa mission.

Toute éducatrice doit avoir un amour cordial, maternel, nourricier, dit saint François de Sales — et toute éducatrice peut arriver à cet amour par la prière et les sacrements.

3. Moyens à employer pour la formation du cœur de l'enfant.

1, Développer le cœur.

Développer le cœur, c'est permettre au cœur de s'épancher et de montrer sa nature affectueuse....

Par instinct, l'enfant, aux premières années, nous l'avons dit, cherche avant tout, à être aimé et caressé — il est naturellement égoïste. Il veut qu'on s'occupe de lui et presque de lui seul.

Il est jaloux sans se rendre compte de ce sentiment — il veut tout pour lui.

Il faut donc, petit à petit, lui apprendre à se montrer aimant, caressant, généreux.

Il y a là toute une éducation qui se fait plus pratiquement et plus facilement à l'école que dans la famille.

N'oublions pas que le cœur est un foyer d'où doit sortir la chaleur qui anime et vivifie la famille :

une *lumière* qui doit répandre sa clarté sur tous....

un *parfum* qui doit embaumer....

2. Diriger le cœur.

Voici quelques moyens pratiques de diriger ce qu'il y a d'affectueux dans le cœur.

1. Forcer, doucement sans doute, mais toutes les fois que l'occasion se présente, — forcer l'enfant à partager ce qu'il a avec les autres — le prêter, le mettre comme à la disposition de tous.

Lui faire donner lui-même aux pauvres ce qui leur est destiné — et lui apprendre à se priver quelquefois pour donner.

Oh ! l'amour des pauvres, acclimatez-le dans le cœur des enfants. — Accoutumez-les à faire la part du pauvre, chaque fois qu'ils reçoivent de leurs parents des provisions, des boîtes de bonbons.... Accoutumez-les à se rendre les uns aux autres tous les petits services qu'ils peuvent se rendre.

Ne leur permettez pas de demander impérieusement ce dont ils ont besoin....

Les occasions de rendre un enfant bon, généreux, serviable... se rencontrent tous les jours.

C'est, un *devoir* exactement, promptement, bien fait — pour faire plaisir à la maîtresse.

C'est, un *service* à rendre, service presque insignifiant, mais utile.

C'est, une *peine* à épargner — une *joie* à partager — une *consolation* à donner entre compagnes d'étude et de jeux....

2. Mais dans cette formation du cœur, il y a des précautions à prendre.

Trop de caresses données ou acceptées exciteraient dans l'enfant, — nous l'avons dit, — l'instinct de la sensualité et pousserait à la passion.

Trop parler du plaisir qu'il y a à donner, accoutumerait à n'être bon que pour jouir. — Il est nécessaire de montrer ce qu'il y a de beau, de grand dans le dévouement — de beau surtout et de méritoire dans ce qu'on appelle un sacrifice, c'est-à-dire dans l'acte de se priver soi-même de ce qui plaît pour en faire jouir les autres.

Le récit d'actes de bienfaisance, d'héroïsme même, laissent toujours de bonnes impressions et éveillent des sentiments généreux.

3. Rien de plus important que la formation du cœur. — Toute sagesse, toute vie morale, toute vraie philosophie vient du cœur, et Dieu a résumé tous nos devoirs dans ce seul mot : *Tu aimeras.*

Cultiver le cœur, c'est donc lui apprendre à aimer, c'est-à-dire à se dévouer, à se prêter, à être toujours disposé à être utile....

Aimer, c'est voir ce qui est bon, c'est le vouloir, c'est le faire.

Or, nous n'arriverons jamais là sans un secours divin — et ce secours nous le trouverons toujours dans la prière et dans la fréquentation des sacrements.

III. *L'amour du Beau.*

Le *beau* est pour l'esprit ce que le *bien* est pour le cœur :
> une *joie* qui l'épanouit,
> une *lumière* qui l'illumine,
> une *paix* qui le laisse dans l'admiration,
> un *attrait* qui lui fait aimer ce qui le charme.

Le *beau*, c'est le vrai et le bien qui resplendissent :
    Rien n'est beau que le *vrai*,
    Rien n'est beau que le *bien*.

Mais il faut la réunion du vrai et du bien à un degré supérieur, dans un même objet — alors seulement on dit : C'est beau !

Le *beau* est distinct de l'*agréable*, mais il 'est agréable — tout ce qui est agréable n'est pas, par cela même, *beau*.

Le *beau* est distinct du *joli* et du *gracieux*.

Le joli enferme avec l'idée du beau celle de la petitesse, il s'adresse à la sensibilité plutôt qu'à la raison.

Le beau élève l'âme et grandit ; il s'adresse à notre raison autant et même plus qu'à notre sensibilité.

Ce qui caractérise spécialement le beau, c'est l'admiration qu'il fait naître.

Nous n'avons pas directement ici, à parler du beau, mais à le faire aimer.

PRATIQUE POUR FAIRE AIMER LE BEAU.

Dès les premiers âges — à l'heure où se manifeste la curiosité de l'enfant pour voir et pour savoir :

Ecarter de ses yeux tout ce qui est défectueux — tout ce qui est laid — tout ce qui est grotesque —

tout ce qui est de nature à éveiller un sentiment de peur ou peut exciter la moquerie ou la répugnance : gravures, albums pour rire.

Il y a, certes, un *rire* qui est digne, même un bon et franc rire qui épanouit, ravive, redonne au sang comme une puissance nouvelle — mais ce n'est jamais *le laid* qui le produit.

C'est par la *lecture* que le beau rayonne dans l'intelligence, l'illumine, la pénètre, la force à chercher.

Ayez donc, en classe, un recueil de ces pages littéraires qu'on n'entend jamais sans se sentir plus vivant et plus entraîné au bien.

Il y a un âge où la poésie peut sembler un luxe, mais pour l'enfance et la jeunesse, la poésie est une sorte de pain quotidien.

Accoutumez les petits enfants à mettre partout un peu d'ordre.... Le sentiment de l'ordre et le goût de l'ordre sont la base d'où s'épanouit le beau.

Qu'elles plient leurs vêtements de leurs petites mains et les placent à l'endroit indiqué.

Qu'elles ne souffrent aucune déchirure, sans désirer la réparer et se mettre à l'œuvre tout de suite.

Qu'elles sachent serrer leurs jouets.

Ne les laissez jamais sortir d'une chambre sans avoir réparé le désordre qu'elles ont causé. — Apprenez-leur à aimer tout ce qui est bien rangé à sa place....

Cet esprit d'ordre forme à l'amour du beau et à l'amour du bien.

Voilà comment à un enfant on peut en quelque manière, apprendre le beau, par l'ordre avant tout.

Mais c'est peu. — Il faut le faire pénétrer en lui.

Le montrer à ses yeux par des images.

Le faire entendre à ses oreilles, par des chants harmonieux.

Le faire admirer à son imagination par des récits vivants, colorés.

Le graver dans sa mémoire par l'étude de vers, de pensées, de pages, écrits avec goût.

Le faire reproduire par des compositions, créées par l'enfant à mesure que, grandissant, il sent le besoin de montrer ce qu'il peut... de redire ce qu'il sent et ce qu'il a vu....

— C'est dans une classe de littérature qu'on étudie le beau et qu'on le fait aimer.... Heureuse l'intelligence qui, aux premiers jours de son épanouissement, a été entourée et nourrie par *le beau*.

IV

INCLINATIONS RELIGIEUSES.

Nous les indiquons à part, *ces inclinations,* parce que ce sont celles qui représentent le mieux les aspirations de l'être humain vers cet idéal du vrai, du bien, du beau, auquel il tend de toute sa puissance et que les choses créées ne peuvent lui faire atteindre.

Nos inclinations religieuses nous portent :

à désirer Dieu,
à chercher Dieu,
à posséder Dieu,
à vivre avec Dieu.

L'âme est naturellement pieuse, c'est-à-dire qu'elle s'ouvre comme instinctivement pour accepter la pensée de Dieu comme la poitrine s'ouvre instinctivement pour accepter l'air.

La pensée de Dieu, dans ce qu'elle a de plus général, prend le nom de piété et la piété, dit Bossuet, est le *tout de l'homme.*

La piété se compose de trois éléments :

L'instruction religieuse,
La prière,
La réception des sacrements.

L'instruction religieuse est la *racine de la piété*. — Elle en pose les fondements.

La prière est la *rosée de la piété*. — Elle la fait grandir et fleurir.

Les sacrements, — la sainte Communion surtout, sont le *soleil de la piété*. — Ils la font mûrir et porter des fruits.

1. *L'Instruction religieuse.*

Elle doit être acceptée avec respect,
        étudiée avec attention,
        conservée avec amour,
        discutée avec le désir de la mieux connaître,
        possédée de manière à ne laisser aucun doute,
        propagée avec zèle,
        défendue avec profonde conviction.

Elle doit surtout diriger la conduite.

Elle a pour but :
    de mettre Dieu dans l'âme,
    de l'implanter en quelque sorte en nous, pour qu'il devienne le mobile de notre vie.

2. *La Prière.*

La prière ouvre l'âme devant Dieu.

La prière crie à Dieu — appelle Dieu, et Dieu vient — et, sous cette influence divine, l'âme s'épanouit, fleurit, — et les fleurs qu'elle porte s'appellent : *Vertus*.

O maîtresses ! aidez par vos conseils et vos exemples cet épanouissement de vertus.

Apprenez à vos enfants que Dieu ne refuse rien à la prière simple, confiante, présentée surtout par la sainte Vierge.

3. *Les Sacrements.*

Les sacrements sont pour la piété ce qu'est le soleil pour les plantes :

Ils la soutiennent dans sa vie de lutte,

Ils la relèvent dans ses défaillances,

Ils la guérissent dans ses maladies,

Ils lui donnent son éclat et sa fécondité.

C'est, surtout, sous l'influence de la sainte Communion que mûrissent les fruits de la piété.

Ayez donc des cours réguliers et méthodiques *d'enseignement religieux.*

Un cours élémentaire, bien simple, bien familier, bien maternel pour les plus petites.

Là, apprenez à bien aimer le bon Dieu — bien, Notre-Seigneur Jésus-Christ, dont vous leur montrerez l'image — et dans la crèche — et sur les bras de sa mère — et sur la croix — leur disant qu'Il est toujours vivant à l'Eglise dans le tabernacle.

Apprenez-leur à bien aimer la sainte Vierge — bien, le bon ange gardien et à faire pieusement la petite prière du matin, celle du soir, celle de la classe.

Faites leur redire à chaque classe : Mon Dieu, je vous aime de tout mon cœur.

Ayez un *cours préparatoire* à la première Communion qui consistera, avant tout, à apprendre par cœur les différents chapitres du catéchisme — à faire comprendre le sens de chaque mot....

Puis, à préparer l'âme pour recevoir Notre-Seigneur Jésus-Christ. — Nous vous recommandons notre *Livre de la première Communion.*

Ayez un *cours secondaire* — puis un *cours supérieur* dans lesquels seront exposées avec clarté, précision, méthode, les vérités de la religion.

Chacune de ces vérités, prouvez-les avec netteté, avec autorité.

Rappelez-vous ces paroles de Léon XIII :

« Les motifs de notre foi sont si forts et dans une telle harmonie avec la raison humaine, qu'ils suffisent à convaincre les esprits les plus exigeants et à courber les volontés les plus rebelles. »

Le catéchisme — ne l'oubliez pas — est aussi *positif* et aussi *rationnel* dans son enseignement que les *manuels scientifiques* des écoles.

Ayez encore — pour les dernières années — un *cours de persévérance*, spécialement destiné à l'*apologétique*, c'est-à-dire à la défense de l'Eglise catholique et de sa doctrine.

Que vos élèves sortant de vos maisons soient prêtes, comme le veut saint Pierre, à répondre à ceux qui leur *demanderont raison de leurs croyances et de leurs espérances.*

Fortifiez ces jeunes intelligences — puis donnez-leur des armes pour résister et combattre — puis enfin, rendez-les capables d'être dans leur famille toujours, — dans les réunions hors de la famille quelquefois — les apôtres de Jésus-Christ et de l'Eglise.

Ces *cours* doivent être rigoureusement faits, au moins une fois par semaine.

Dans quelques maisons, ils sont précédés d'un quart d'heure de préparation pour rédiger les sujets donnés et apprendre les leçons, ils sont suivis aussi d'un quart d'heure d'étude pour mettre en ordre les notes prises pendant la leçon de la maîtresse.

Des cahiers spéciaux sont réservés aux rédactions faites chaque semaine ; et, à la fin de l'année forment un recueil précieux pour l'élève.

CONCLUSION

Le *sens religieux* ne saurait être trop tôt éveillé dans l'enfant.

Il faut lui dire avec paix et avec conviction : *ceci est mal* ou le *bon Dieu défend cela*. — Cette simple parole peu à peu le retient.

Redites-lui souvent : que *Dieu le voit et l'entend*, que *Dieu connaît tout ce qu'il pense*.

Et ces paroles formeront comme un témoin habituel de sa vie. La pensée de Dieu lui deviendra habituelle et sera pour lui un *encouragement* pour le bien et *un frein* puissant pour le retenir loin du mal.

Nous transcrivons ici, une belle page de Lamartine, rappelant le dévouement pieux de sa mère.

« La piété de ma mère, dit-il, était la part d'elle-même qu'elle désirait le plus ardemment nous communiquer. Faire de nous des créatures de Dieu en esprit et en vérité, c'était sa pensée la plus maternelle.

« A cela, elle réussissait sans système, sans effort, et avec une merveilleuse habileté.

« Sa piété, qui découlait de chacune de ses inspirations, de chacun de ses actes, de chacun de ses gestes nous enveloppait, pour ainsi dire, d'une atmosphère du ciel ici-bas.

« Nous croyons que Dieu était derrière elle et que nous allions l'entendre, et le voir, comme elle semblait elle-même l'entendre, le voir, et converser avec lui à chaque heure du jour.

« Dieu était pour nous comme l'un d'entre nous. Il était né en nous avec nos premières et nos plus indéfinissables impressions.

« Nous ne nous souvenions pas de ne l'avoir pas connu ; il n'y avait pas un premier jour où on nous avait parlé de Lui. — Nous l'avions toujours vu *en tiers* entre notre mère et nous.

« Son nom avait été sur nos lèvres avec le lait maternel ; nous avons appris à parler en le balbutiant. »

Comment, avec cette éducation première, ne pas sentir en soi de grandes et nobles pensées ?

Oui, ajoute Lamartine, l'éducation maternelle m'avait fait une âme toute d'expansion, de sérénité et d'amour.

Table des Matières

PREMIÈRE PARTIE
Formation de l'Éducatrice.

I
But de l'éducation.

II
Moyens pour réaliser le but de l'éducation.

1

II

CHAPITRE PREMIER

Qualité d'une bonne éducatrice.

ARTICLE PREMIER

Première qualité d'une bonne éducatrice : *Un grand bon sens.*

I

II

III

IV

V

ARTICLE SECOND

Deuxième qualité d'une bonne éducatrice.
Un puissant désir de faire du bien aux enfants.

I

ACTICLE TROISIÈME

Troisième qualité d'une bonne éducatrice :
Un bon caractère.

ARTICLE QUATRIÈME

Quatrième qualité d'une bonne éducatrice :

*La science suffisante et même supérieure à l'enseignement
qu'elle doit donner*

I

CHAPITRE DEUXIÈME

Vertus d'une éducatrice.

ARTICLE PREMIER

Vertus essentielles à une éducatrice.

*Deux vertus sont surtout nécessaires à une éducatrice :
La piété et le zèle.*

I

CHAPITRE TROISIÈME

Défauts
que doit éviter une bonne éducatrice.

CHAPITRE QUATRIÈME

Récompenses
que Dieu réserve à une bonne éducatrice.

DEUXIÈME PARTIE

Formation de l'Institutrice.

~~~~

CHAPITRE PREMIER

Education physique.
~~~~

CHAPITRE DEUXIÈME

Education intellectuelle.

APPENDICE

I

II

CHAPITRE TROISIÈME

Education morale.

ARTICLE PREMIER

L'Activité.

I

II

III

IV